JN071796

Joy of Knowing the Holy Spirit

聖霊を
知る喜び

満たされ、導かれ、
実を結ぶために

朴永基
Park Youngee

いのちのことば社

まえがき

—— 聖霊に満たされ、聖霊に導かれる教会を求めて ——

　神は、助け主である聖霊を教会に送ってくださいました。教会は、教会のために遣わされている聖霊に絶えず拠り頼みながら生きる信仰の共同体です。同時に、聖霊の力で教会に委ねられている任務を果たす使命の共同体でもあります。

　神に尊く用いられた初代エルサレム教会とアンティオキア教会には、聖霊の力によって、苦難と迫害の中でもみことばを教える使命、福音を宣べ伝える使命、人々を癒やす愛の使命を忠実に果たす模範が示されています。

> 「こうして、教会はユダヤ、ガリラヤ、サマリアの全地にわたり築き上げられて平安を得た。主を恐れ、聖霊に励まされて前進し続け、信者の数が増えていった。」
>
> （使徒の働き9:31）

　今日でも、すべての国のすべての教会に求められているのは、初代教会のように、聖霊に満たされ、聖霊に導かれ、聖霊の力を体験し、聖霊の力で、教会に与えられている使命を忠実に果たすことです。

　教会が、聖霊の満たし、聖霊の導き、聖霊の力を回復するなら、初代教会のように福音宣教のために用いられる教会、使命を忠実に果たす教会、聖霊に導かれる教会、聖霊に満たされる教会、神に喜ばれる教会になるでしょう。

　教会は、聖霊によって始まり、聖霊によって導かれ、聖霊によって使命を果たすために、この地上に存在しています。主の民は、教会の宝が助け主である聖霊であること、聖霊が教会の働きの源であることを忘れてはいけません。

　私は韓国で6年、日本で38年、主と教会に仕える牧会と宣教活動をしてきましたが、その働きを振り返って見るとき、悔い改めるべき罪があることを深く悟りました。その罪の中の一つは、主の働きをしながら一瞬一瞬、助け主である聖霊を意識することをしないで、自分の考え、判断、意思、経験を頼りにし

てしまったことです。

　絶えず聖霊の助け、満たし、導きを求め、聖霊の力を頂いて主と教会に仕えていきたいと思わされています。

　この本は、新札幌聖書教会で信徒リーダー育成のために準備した教材です。特に訓練された信徒リーダーが、信徒や求道者を一対一で教えるために聖霊を正しく知る必要があると思い、執筆したものです。

　約30人の信徒が、「聖霊を知る喜び」を学ぶコースで共に学び、共に分かち合い、共に祈り合いながら、教会の存在目的、教会の本質、教会教育の大切さ、教会の使命等を深く悟る喜びを体験しました。

　神に喜ばれる教会になるためには、牧会者と信徒が共に聖霊に満たされ、聖霊に導かれ、聖霊の実を結び、聖霊の力で教会の使命を果たす必要があります。教会が存在している目的と本質に戻る必要があります。そのためには、牧会者と信徒が聖霊について正しく学ぶ必要があります。

　なお、この本の第11課と第12課は天使（御使い）と悪魔について取り上げています。厳密には「聖霊」というテーマからははずれますが、天使と悪魔も人間とは異なる霊的な存在であり、信仰生活を送る上でぜひ知っておくべき事柄ですので、補遺として収録しました。

　この本が、信徒育成と教会の働きのために用いられることを願っています。何よりも、すべての教会が聖霊に満たされ、聖霊に導かれ、聖霊の力によって教会の使命を果たすことを切に祈ります。

　2022年12月30日

　　　　　　　　　　　　　　　　　　　　　　　　　　　朴　永基

目　次

第10課　よりすぐれた賜物

第11課　罪を犯していない天使たち

第12課　堕落した天使、サタン（悪魔）と悪霊

第１課　教会と聖霊

序　論

　教会（The Church）とは、イエスを救い主、キリストとして信じ、この世からキリストのために召されている人々の集まりです。

　　「あなたが世から選び出して与えてくださった人たちに、わたしはあなたの御名を現しました。」（ヨハネの福音書17:6）

　イエスがキリスト（メシヤ：油を注がれた者）であると信じることは、イエスが真の愛と義をもって支配する永遠の王、すべての罪の問題を解決してくださる永遠の祭司、神のみことばを語り、神の国に導いてくださる永遠の預言者であることを告白することです。イエスがキリスト、救い主であると告白することは、人間によるわざではなく、聖霊によるわざです。

　　「また、聖霊によるのでなければ、だれも『イエスは主です』と言うことはできません。」
　　　　　　　　　　　　　　　　　　　　（コリント人への手紙第一12:3）

　教会は、聖霊の働きと助けによって、キリストの代わりにこの世に存在しています。助け主である聖霊は、教会のために神から遣わされています。教会は、どんなことがあっても、聖霊を頼りにしなければならない信仰の共同体です。教会がこのように生きるとき、聖霊に導かれる教会になります。神に喜ばれる教会になります。聖霊に満たされる教会になります。主から頂いている使命を果たす教会になります。

　教会は、このように聖霊によって始まり、聖霊によって導かれ、聖霊によって使命を果たし、聖霊によってキリストの代わりにこの地上に存在しています。教会の宝は聖霊であり、キリストです。キリストは教会の基礎であり、聖霊は教会の働きの源です。

1. キリストがこの地上に残した教会

キリストがこの地上でご自分のために、ご自分の代わりに残した唯一のものは教会です。キリストは、この地上に自分の教会を建て上げ、残すために、十字架上で苦しみを受け、すべての血潮を流し、尊いいのちを捨ててくださいました。

キリストは、教会に確信を与えるために、約束のとおりに死人の中から三日目によみがえりました。キリストは、教会がご自分の代わりに使命を果たすことができるように、助け主である聖霊を教会にお与えになりました。キリストは教会に永遠の希望を与えるために、天にのぼり、神の右の座におられ、再び来られることを約束なさいました。特に、神の右の座におられる永遠の勝利者であるキリストの関心は、いつも地上にあるご自分の教会です。キリストは、神の右の座で今も自分の教会を覚えて働いておられます。

● 自分の民のためにとりなしをしています。（Sitting）

「だれが、私たちを罪ありとするのですか。死んでくださった方、いや、よみがえられた方であるキリスト・イエスが、神の右の座に着き、しかも私たちのために、とりなしていてくださるのです。」（ローマ人への手紙8:34）

「したがってイエスは、いつも生きていて、彼らのためにとりなしをしておられるので、ご自分によって神に近づく人々を完全に救うことがおできになります。」 　　　　　　　　　　　　　　　（ヘブル人への手紙7:25）

● 神の国に帰る自分の民の霊を歓迎します。（Standing）

「しかし、聖霊に満たされ、じっと天を見つめていたステパノは、神の栄光と神の右に立っておられるイエスを見て、『見なさい。天が開けて、人の子が神の右に立っておられるのが見えます』と言った。」

　　　　　　　　　　　　　　　　　　　　　　　（使徒の働き7:55-56）

● 自分の教会の霊的な状況を具体的に確認します。（Walking）

「エペソにある教会の御使いに書き送れ。『右手に七つの星を握る方、七つの金の燭台の間を歩く方が、こう言われる──。』」　(ヨハネの黙示録2:1)

2. キリストの教会の奥義

1) 教会は神的起源をもっています。

教会は人間のものではなく、神のものであり、キリストのものです。

「そこで、わたしもあなたに言います。あなたはペテロです。わたしはこの岩の上に、わたしの教会を建てます。よみの門もそれに打ち勝つことはできません。」　(マタイの福音書16:18)

「あなたがたは聖なる口づけをもって互いにあいさつを交わしなさい。すべてのキリストの教会が、あなたがたによろしくと言っています。」

(ローマ人への手紙16:16)

「あなたがたは自分自身と群れの全体に気を配りなさい。神がご自分の血をもって買い取られた神の教会を牧させるために、聖霊はあなたがたを群れの監督にお立てになったのです。」　(使徒の働き20:28)

「ユダヤ人にも、ギリシア人にも、神の教会にも、つまずきを与えない者になりなさい。」　(コリント人への手紙第一10:32)

2) 教会はキリストの愛の対象です。

「夫たちよ。キリストが教会を愛し、教会のためにご自分を献げられたように、あなたがたも妻を愛しなさい。」　(エペソ人への手紙5:25)

3) 教会はキリストのからだです。

人の各肢体が自分のからだに属しているように、教会はキリストのからだに属している各肢体です。キリストは教会のかしらです。

「また、神はすべてのものをキリストの足の下に従わせ、キリストを、す

べてのものの上に立つかしらとして教会に与えられました。教会はキリストのからだであり、すべてのものをすべてのもので満たす方が満ちておられるところです。」　　　　　　　　　　　　　（エペソ人への手紙1:22-23）

「また、御子はそのからだである教会のかしらです。御子は初めであり、死者の中から最初に生まれた方です。こうして、すべてのことにおいて第一の者となられました。」　　　　　　　　　　　　　（コロサイ人への手紙1:18）

「今、私は、あなたがたのために受ける苦しみを喜びとしています。私は、キリストのからだ、すなわち教会のために、自分の身をもって、キリストの苦しみの欠けたところを満たしているのです。」（コロサイ人への手紙1:24）

4) 教会はキリストと有機的な関係をもっています。

キリストは自分の民である教会と喜怒哀楽を共にしています。教会が迫害されることは、キリストが迫害されることです。なぜなら、キリストと教会は有機的な関係をもっているからです。

「彼は地に倒れて、自分に語りかける声を聞いた。『サウロ、サウロ、なぜわたしを迫害するのか。』彼が『主よ、あなたはどなたですか』と言うと、答えがあった。『わたしは、あなたが迫害しているイエスである。』」　　　　　　　　　　　　　（使徒の働き9:4-5）

「私は使徒の中では最も小さい者であり、神の教会を迫害したのですから、使徒と呼ばれるに値しない者です。」　　　　（コリント人への手紙第一15:9）

「ユダヤ教のうちにあった、かつての私の生き方を、あなたがたはすでに聞いています。私は激しく神の教会を迫害し、それを滅ぼそうとしました。」　　　　　　　　　　　　　（ガラテヤ人への手紙1:13）

3. キリストのために、代わりにこの世に存在している教会

キリストは、教会のために、教会の代わりに十字架上で苦しみを受け、教会の贖いのために、尊い血潮まで惜しまずに流してくださいました。教会は、キリストの十字架の愛を覚え、キリストのために、キリストの代わりにこの世に

存在している信仰と愛と使命の共同体です。

> 「キリストはすべての人のために死なれました。それは、生きている人々が、もはや自分のためにではなく、自分のために死んでよみがえった方のために生きるためです。」　　　　　　（コリント人への手紙第二5:15、ために huper）
>
> 「こういうわけで、神が私たちを通して勧めておられるのですから、私たちはキリストに代わる使節なのです。私たちはキリストに代わって願います。神と和解させていただきなさい。」
>
> 　　　　　　　　　　　　　（コリント人への手紙第二5:20、代わりに huper）
>
> 「あなたがたの中で、子どもが魚を求めているのに、魚の代わりに蛇を与えるような父親がいるでしょうか。」　　　　　（ルカの福音書11:11、代わりに anti）

　ギリシア語の huper（for）と anti（on behalf of、instead of）は、あるときには「ために」、あるときには「代わりに」と訳されています。

4. 教会の使命

　教会は、使命を果たすために、この世から召されている使命の共同体です。主の教会が教会に与えられている使命を忠実に果たせば果たすほど元気になり、成長するようになります。

1）神を愛すること（神に対する使命）

> 「イエスは彼に言われた。『あなたは心を尽くし、いのちを尽くし、知性を尽くして、あなたの神、主を愛しなさい。』これが、重要な第一の戒めです。」　　　　　　　　　　　　　　　　　（マタイの福音書22:37-38）
>
> 「父がわたしを愛されたように、わたしもあなたがたを愛しました。わたしの愛にとどまりなさい。わたしがわたしの父の戒めを守って、父の愛にとどまっているのと同じように、あなたがたもわたしの戒めを守るなら、わたしの愛にとどまっているのです。」　　　　　　（ヨハネの福音書15:9-10）

2) 隣人を愛すること（隣人と自分に対する使命）

「『あなたの隣人を自分自身のように愛しなさい』という第二の戒めも、それと同じように重要です。」　　　　　　　　　　（マタイの福音書22:39）

「すると、王は彼らに答えます。『まことに、あなたがたに言います。あなたがたが、これらのわたしの兄弟たち、それも最も小さい者たちの一人にしたことは、わたしにしたのです。』」　　　　　　　　（マタイの福音書25:40）

3) 自分の尊さを知り、自分を愛すること（自分に対する使命）

「『あなたの隣人を自分自身のように愛しなさい』という第二の戒めも、それと同じように重要です。」　　　　　　　　　　（マタイの福音書22:39）

「しかし、わたしはあなたがたに言います。自分の敵を愛し、自分を迫害する者のために祈りなさい。」　　　　　　　　　　（マタイの福音書5:44）

「人は、たとえ全世界を手に入れても、自分のいのちを失ったら、何の益があるでしょうか。」　　　　　　　　　　　　　（マルコの福音書8:36）

4) この社会で光と塩の役割を果たし、人々を生かすこと（社会に対する使命）

「あなたがたは地の塩です。もし塩が塩気をなくしたら、何によって塩気をつけるのでしょうか。もう何の役にも立たず、外に投げ捨てられ、人々に踏みつけられるだけです。あなたがたは世の光です。山の上にある町は隠れることができません。また、明かりをともして升の下に置いたりはしません。燭台の上に置きます。そうすれば、家にいるすべての人を照らします。このように、あなたがたの光を人々の前で輝かせなさい。人々があなたがたの良い行いを見て、天におられるあなたがたの父をあがめるようになるためです。」　　　　　　　　　（マタイの福音書5:13-16）

「実に、私たちは神の作品であって、良い行いをするためにキリスト・イエスにあって造られたのです。神は、私たちが良い行いに歩むように、その良い行いをあらかじめ備えてくださいました。」　（エペソ人への手紙2:10）

「喜んでいる者たちとともに喜び、泣いている者たちとともに泣きなさ

い。」　　　　　　　　　　　　　　　　　　　（ローマ人への手紙12:15）

5）みことばを守り、教えること（みことばに対する使命）

「わたしがあなたがたに命じておいた、すべてのことを守るように教えなさい。見よ。わたしは世の終わりまで、いつもあなたがたとともにいます。」　　　　　　　　　　　　　　　　　　　（マタイの福音書28:20）

「みことばを宣べ伝えなさい。時が良くても悪くてもしっかりやりなさい。忍耐の限りを尽くし、絶えず教えながら、責め、戒め、また勧めなさい。」　　　　　　　　　　　　　　　　　（テモテ人への手紙第二4:2）

「私たちはこのキリストを宣べ伝え、あらゆる知恵をもって、すべての人を諭し、すべての人を教えています。すべての人を、キリストにあって成熟した者として立たせるためです。」　　　　　（コロサイ人への手紙1:28）

6）天地万物を正しく支配し、管理すること（文化的な使命）

「神は彼らを祝福された。神は彼らに仰せられた。『生めよ。増えよ。地に満ちよ。地を従えよ。海の魚、空の鳥、地の上を這うすべての生き物を支配せよ。』」　　　　　　　　　　　　　　　　　　　　　　（創世記1:28）

7）全世界に福音を宣べ伝えること（宣教の使命）

「イエスは近づいて来て、彼らにこう言われた。『わたしには天においても地においても、すべての権威が与えられています。ですから、あなたがたは行って、あらゆる国の人々を弟子としなさい。父、子、聖霊の名において彼らにバプテスマを授け、わたしがあなたがたに命じておいた、すべてのことを守るように教えなさい。見よ。わたしは世の終わりまで、いつもあなたがたとともにいます。』」　　　　　（マタイの福音書28:18-20）

「しかし、聖霊があなたがたの上に臨むとき、あなたがたは力を受けます。そして、エルサレム、ユダヤとサマリアの全土、さらに地の果てまで、わたしの証人となります。」　　　　　　　　　　　　　　（使徒の働き1:8）

「私は福音を恥としません。福音は、ユダヤ人をはじめギリシア人にも、信じるすべての人に救いをもたらす神の力です。」　（ローマ人への手紙1:16）

　教会は、聖霊の働きと助けによって、このような使命を果たすようになります。どんなことがあっても、人間の力、知恵、努力、経験を頼りにしないで、いつも教会のために遣わされている聖霊に拠り頼むことが大事です。

5. 教会のために遣わされている「助け主」である聖霊

1) 助け主（PARAKLETOS）の意味

　ギリシア語で PARA は「そばに」、KLETOS は「召された方」です。PARAKLETOS の意味は「そばに召された方」です。聖書は助け主である聖霊の働きを具体的に教えています。教会が助け主の働きと品性を覚えて、どんなときでも聖霊をあがめ、聖霊を待ち望みながら生きるなら、聖霊の働きと導きを豊かに経験するようになります。

> 「しかし、わたしは真実を言います。わたしが去って行くことは、あなたがたの益になるのです。去って行かなければ、あなたがたのところに助け主はおいでになりません。でも、行けば、わたしはあなたがたのところに助け主を遣わします。」
>
> （ヨハネの福音書16:7）

2) 助け主である聖霊の役割

(1) 教会（主の民）を助けてくださるお方です。

> 「同じように御霊も、弱い私たちを助けてくださいます。私たちは、何をどう祈ったらよいか分からないのですが、御霊ご自身が、ことばにならないうめきをもって、とりなしてくださるのです。」　（ローマ人への手紙8:26）

(2) 教会を励ましてくださるお方です。

> 「こうして、教会はユダヤ、ガリラヤ、サマリアの全地にわたり築き上げられて平安を得た。主を恐れ、聖霊に励まされて前進し続け、信者の数が増えていった。」
>
> （使徒の働き9:31）

(3) 教会に力を与えてくださるお方です。

　「しかし、聖霊があなたがたの上に臨むとき、あなたがたは力を受けます。そして、エルサレム、ユダヤとサマリアの全土、さらに地の果てまで、わたしの証人となります。」
　　　　　　　　　　　　　　　　　　　　　　　　　　（使徒の働き1:8）

(4) 教会を弁護してくださるお方です。

　「私の子どもたち。私がこれらのことを書き送るのは、あなたがたが罪を犯さないようになるためです。しかし、もしだれかが罪を犯したなら、私たちには、御父の前でとりなしてくださる方、義なるイエス・キリストがおられます。」
　　　　　　　　　　　　　　　　　　　　　　　　（ヨハネの手紙第一2:1）
　「また、人々があなたがたを、会堂や役人たち、権力者たちのところに連れて行ったとき、何をどう弁明しようか、何を言おうかと心配しなくてよいのです。言うべきことは、そのときに聖霊が教えてくださるからです。」
　　　　　　　　　　　　　　　　　　　　　　　（ルカの福音書12:11-12）
　「人々があなたがたを引き渡したとき、何をどう話そうかと心配しなくてもよいのです。話すことは、そのとき与えられるからです。話すのはあなたがたではなく、あなたがたのうちにあって話される、あなたがたの父の御霊です。」
　　　　　　　　　　　　　　　　　　　　　　　（マタイの福音書10:19-20）

(5) 教会に必要なことを教え、主の教えを思い起こさせるお方です。

　「しかし、助け主、すなわち、父がわたしの名によってお遣わしになる聖霊は、あなたがたにすべてのことを教え、わたしがあなたがたに話したすべてのことを思い起こさせてくださいます。」
　　　　　　　　　　　　　　　　　　　　　　　（ヨハネの福音書14:26）

(6) 教会を真理に導いてくださるお方です。

　「しかし、その方、すなわち真理の御霊が来ると、あなたがたをすべての真理に導いてくださいます。御霊は自分から語るのではなく、聞いたことをすべて語り、これから起こることをあなたがたに伝えてくださいます。」
　　　　　　　　　　　　　　　　　　　　　　　（ヨハネの福音書16:13）

(7) 教会といつまでもともに住んでくださるお方です。

　「そしてわたしが父にお願いすると、父はもう一人の助け主をお与えくだ
さり、その助け主がいつまでも、あなたがたとともにいるようにしてくだ
さいます。この方は真理の御霊です。世はこの方を見ることも知ることも
ないので、受け入れることができません。あなたがたは、この方を知って
います。この方はあなたがたとともにおられ、また、あなたがたのうちに
おられるようになるのです。」　　　　　　　　　　（ヨハネの福音書14:16-17）

(8) イエスについて証ししてくださるお方です。

　「わたしが父のもとから遣わす助け主、すなわち、父から出る真理の御霊
が来るとき、その方がわたしについて証ししてくださいます。」

　　　　　　　　　　　　　　　　　　　　　　　　　（ヨハネの福音書15:26）

3) 教会のために遣わされた助け主

　よみがえられたキリストは、この世を去って、神の国に帰りました。それは、
教会（主の民）の益のためです。すなわち、教会の霊的な自立のためです。教
会に助け主を遣わすためです。その助け主がいつまでも教会と共に住むためで
す。聖霊の働きによって福音を地の果てまで宣べ伝える教会を誕生させるため
です。

　「しかし、わたしは真実を言います。わたしが去って行くことは、あなた
がたの益になるのです。去って行かなければ、あなたがたのところに助け
主はおいでになりません。でも、行けば、わたしはあなたがたのところに
助け主を遣わします。」　　　　　　　　　　　　　　（ヨハネの福音書16:7）

4) 教会と共におられる真理の御霊である聖霊

　「この方は真理の御霊です。世はこの方を見ることも知ることもないので、
受け入れることができません。あなたがたは、この方を知っています。こ
の方はあなたがたとともにおられ、また、あなたがたのうちにおられるよ
うになるのです。」　　　　　　　　　　　　　　　　（ヨハネの福音書14:17）

「その日には、わたしが父のうちに、あなたがたがわたしのうちに、そしてわたしがあなたがたのうちにいることが、あなたがたに分かります。」

（ヨハネの福音書14 : 20）

　助け主であり、真理の御霊である聖霊の働きによって、主の民は、自分の内に聖霊が共に住み、共におられることを知るようになります。このみことばに書いてある「知る、分かる」という単語は、ギリシア語で「GINOSKO」です。このことばの意味は、理論的に理解することより、体験的に知る、分かることです。例えば、赤ちゃんが自分の親を理論的に知るのではなく、体験的に分かることと同じです。キリストを信じている教会がみことばに忠実に従い、聖霊の助けを絶えず求めながら信仰生活をすれば、主の民は誰でも自分と共に住んでおられる聖霊を体験的に分かるようになります。これが信仰生活の奥義です。

5) 聖霊に対する教会の姿勢

　教会は、神であり、助け主であり、真理の御霊であり、品格をもっておられる聖霊に心を尽くして礼拝と賛美と栄光をささげなければなりません。教会は、聖徒の内に住んでいる聖霊に自分の信仰、感謝、悩み、苦しみ、葛藤、心の状況などを真実に告白する必要があります。真実な告白には、大きな感動と力と喜びがあるはずです。教会がどんなことがあっても人格的に自分の信仰と心、願いと感謝を聖霊に告白すればするほど聖霊との交わりが深くなります。聖霊に従う喜びが大きくなります。聖霊の実を豊かに結ぶようになります。また、教会は、神である聖霊の前で会議し、聖霊と共に決意し、聖霊の助けを信じて決意を実行する必要があります。

「あなたがたが何かのことで人を赦すなら、私もそうします。私が何かのことで赦したとすれば、あなたがたのために、キリストの御前で赦したのです。それは、私たちがサタンに乗じられないようにするためです。私たちはサタンの策略を知らないわけではありません。」

（コリント人への手紙第二2 : 10-11）

「聖霊と私たちは、次の必要なことのほかには、あなたがたに、それ以上

のどんな重荷も負わせないことを決めました。すなわち、偶像に供えたものと、血と、絞め殺したものと、淫らな行いを避けることです。これらを避けていれば、それで結構です。祝福を祈ります。」（使徒の働き15:28-29)

結　論

　教会は、キリストがこの世に残してくださった尊いものです。キリストは、ご自分の教会のために、ご自分の代わりに働く助け主である聖霊を送ってくださいました。教会はいつでも、どんなことがあっても、教会のために主から遣わされた助け主である聖霊のみを頼りにしなければなりません。教会は、人格的に聖霊をあがめ、聖霊に自分の信仰と心を告白し、聖霊の力を頂いて、聖霊の霊感によって記録されたみことばに従うことが大切です。教会はこのように生きるとき、神と人、社会と世界に対する使命を果たし、キリストを証しするようになります。

　「わたしが父のもとから遣わす助け主、すなわち、父から出る真理の御霊が来るとき、その方がわたしについて証ししてくださいます。」

（ヨハネの福音書15:26)

第 2 課　神である聖霊

序　論

　聖書が教えている神は、三位一体の神（TRINITY GOD）です。これは位格（人格）は三つありますが、いつも一体になって働く神を意味します。聖霊（第三位）は、父なる神（第一位）と子なるキリスト（第二位）と全く同じ位格（人格）と性質をもっておられる神です。聖霊は、神とキリストと全く同じ礼拝の対象です。私達の礼拝と賛美と祈りを受けるのにふさわしい神です。聖霊は、キリスト者の内に住みながら、人格的に活動しています。彼らとの人格的な交わりを切に願っています。

　キリスト者が、聖霊の助けを人格的に求め、聖霊によって歩むとき、神を知る喜びが満ちあふれるようになります。

1. 聖霊の名称

　聖霊の名称はたくさんあります。それは、神とキリストと全く同じ人格をもって活動していることを示しています。

1) 神の霊

● 神の御霊
　「こうして、イエスはバプテスマを受けて、すぐに水から上がられた。すると、天が開け、神の御霊が鳩のように下って、自分の上に来られるのをご覧になった」
　　　　　　　　　　　　　　　　　　　　　　（マタイの福音書3:16）

● 栄光の御霊
　「もしキリストの名のためにののしられるなら、あなたがたは幸いです。栄光の御霊、すなわち神の御霊が、あなたがたの上にとどまってくださるからです。」
　　　　　　　　　　　　　　　　　　　　　　（ペテロの手紙第一4:14）

● 父の御霊

「話すのはあなたがたではなく、あなたがたのうちにあって話される、あなたがたの父の御霊です。」

（マタイの福音書10:20）

● 主の御霊

「主の霊がわたしの上にある。貧しい人に良い知らせを伝えるため、主はわたしに油を注ぎ、わたしを遣わされた。捕らわれ人には解放を、目の見えない人には目の開かれることを告げ、虐げられている人を自由の身とし……」

（ルカの福音書4:18）

● 主の霊

「その上に**主**の霊がとどまる。それは知恵と悟りの霊、思慮と力の霊、**主**を恐れる、知識の霊である。」

（イザヤ書11:2）

「**神**である主の霊がわたしの上にある。貧しい人に良い知らせを伝えるため、心の傷ついた者を癒やすため、**主**はわたしに油を注ぎ、わたしを遣わされた。捕らわれ人には解放を、囚人には釈放を告げ……」（イザヤ書61:1）

「さて、**主**の霊はサウルを離れ去り、主からの、わざわいの霊が彼をおびえさせた。」

（サムエル記第一16:14）

「**主**の霊がギデオンをおおったので、彼が角笛を吹き鳴らすと、アビエゼル人が集まって来て、彼に従った。」

（士師記6:34）

2) キリストの霊

● イエスの御霊

「こうしてミシアの近くまで来たとき、ビティニアに進もうとしたが、イエスの御霊がそれを許されなかった。」

（使徒の働き16:7）

● キリストの御霊

「しかし、もし神の御霊があなたがたのうちに住んでおられるなら、あなたがたは肉のうちにではなく、御霊のうちにいるのです。もし、キリストの御霊を持っていない人がいれば、その人はキリストのものではありません。」

（ローマ人への手紙8:9）

● 主の御霊

「そこでペテロは彼女に言った。『なぜあなたがたは、心を合わせて主の御霊を試みたのか。見なさい。あなたの夫を葬った人たちの足が戸口まで来ている。彼らがあなたを運び出すことになる。』」　　　　(使徒の働き5:9)

「二人が水から上がって来たとき、主の霊がピリポを連れ去られた。宦官はもはやピリポを見ることはなかったが、喜びながら帰って行った。」

(使徒の働き8:39)

● 御子の御霊

「そして、あなたがたが子であるので、神は『アバ、父よ』と叫ぶ御子の御霊を、私たちの心に遣わされました。」　　　　(ガラテヤ人への手紙4:6)

● イエス・キリストの御霊

「というのは、あなたがたの祈りとイエス・キリストの御霊の支えによって、私が切に期待し望んでいるとおりに、このことが結局は私の救いとなることを知っているからです。」　　　　(ピリピ人への手紙1:19)

3) 助け主

「そしてわたしが父にお願いすると、父はもう一人の助け主をお与えくださり、その助け主がいつまでも、あなたがたとともにいるようにしてくださいます。」　　　　(ヨハネの福音書14:16)

「しかし、助け主、すなわち、父がわたしの名によってお遣わしになる聖霊は、あなたがたにすべてのことを教え、わたしがあなたがたに話したすべてのことを思い起こさせてくださいます。」　　　　(ヨハネの福音書14:26)

「わたしが父のもとから遣わす助け主、すなわち、父から出る真理の御霊が来るとき、その方がわたしについて証ししてくださいます。」

(ヨハネの福音書15:26)

「しかし、わたしは真実を言います。わたしが去って行くことは、あなたがたの益になるのです。去って行かなければ、あなたがたのところに助け

主はおいでになりません。でも、行けば、わたしはあなたがたのところに
助け主を遣わします。」
（ヨハネの福音書16:7）

4) 真理の御霊

「この方は真理の御霊です。世はこの方を見ることも知ることもないので、
受け入れることができません。あなたがたは、この方を知っています。こ
の方はあなたがたとともにおられ、また、あなたがたのうちにおられるよ
うになるのです。」
（ヨハネの福音書14:17）

「わたしが父のもとから遣わす助け主、すなわち、父から出る真理の御霊
が来るとき、その方がわたしについて証ししてくださいます。」
（ヨハネの福音書15:26）

「しかし、その方、すなわち真理の御霊が来ると、あなたがたをすべての
真理に導いてくださいます。御霊は自分から語るのではなく、聞いたこと
をすべて語り、これから起こることをあなたがたに伝えてくださいま
す。」
（ヨハネの福音書16:13）

5) さばきの霊、焼き尽くす霊

「主が、さばきの霊と焼き尽くす霊によって、シオンの娘たちの汚れを洗
い落とし、エルサレムの血をその町の中から洗い流すとき……」
（イザヤ書4:4）

6) 約束の御霊

「それは、アブラハムへの祝福がキリスト・イエスによって異邦人に及び、
私たちが信仰によって約束の御霊を受けるようになるためでした。」
（ガラテヤ人への手紙3:14）

「見よ。わたしは、わたしの父が約束されたものをあなたがたに送ります。
あなたがたは、いと高き所から力を着せられるまでは、都にとどまってい
なさい。」
（ルカの福音書24:49）

「このキリストにあって、あなたがたもまた、真理のことば、あなたがた
の救いの福音を聞いてそれを信じたことにより、約束の聖霊によって証印

を押されました。」 （エペソ人への手紙1:13）

「しかし、ついに、いと高き所から私たちに霊が注がれ、荒野が果樹園となり、果樹園が森と見なされるようになる。」 （イザヤ書32:15）

「わたしは潤いのない地に水を注ぎ、乾いたところに豊かな流れを注ぎ、わたしの霊をあなたの子孫に、わたしの祝福をあなたの末裔に注ぐ。」

（イザヤ書44:3）

「あなたがたに新しい心を与え、あなたがたのうちに新しい霊を与える。わたしはあなたがたのからだから石の心を取り除き、あなたがたに肉の心を与える。わたしの霊をあなたがたのうちに授けて、わたしの掟に従って歩み、わたしの定めを守り行うようにする。あなたがたは、わたしがあなたがたの先祖に与えた地に住み、あなたがたはわたしの民となり、わたしはあなたがたの神となる。」 （エゼキエル書36:26-28）

「その後、わたしはすべての人にわたしの霊を注ぐ。あなたがたの息子や娘は預言し、老人は夢を見、青年は幻を見る。その日わたしは、男奴隷にも女奴隷にも、わたしの霊を注ぐ。」 （ヨエル書2:28-29）

7) 恵みの御霊

「まして、神の御子を踏みつけ、自分を聖なるものとした契約の血を汚れたものと見なし、恵みの御霊を侮る者は、いかに重い処罰に値するかが分かるでしょう。」 （ヘブル人への手紙10:29）

8) 聖い御霊

「聖なる霊によれば、死者の中からの復活により、力ある神の子として公に示された方、私たちの主イエス・キリストです。」（ローマ人への手紙1:4）

9) 子としてくださる霊

「神の御霊に導かれる人はみな、神の子どもです。あなたがたは、人を再び恐怖に陥れる、奴隷の霊を受けたのではなく、子とする御霊を受けたのです。この御霊によって、私たちは『アバ、父』と叫びます。」

（ローマ人への手紙8:14-15）

10) 力と愛と慎みとの霊

「神は私たちに、臆病の霊ではなく、力と愛と慎みの霊を与えてください
ました。」　　　　　　　　　　　　　　　　（テモテ人への手紙第二1:7）

11) いのちの御霊

「なぜなら、キリスト・イエスにあるいのちの御霊の律法が、罪と死の律
法からあなたを解放したからです。」　　　　　　　（ローマ人への手紙8:2）

12) とこしえの霊

「まして、キリストが傷のないご自分を、とこしえの御霊によって神にお
献げになったその血は、どれだけ私たちの良心をきよめて死んだ行いから
離れさせ、生ける神に仕える者にすることでしょうか。」

（ヘブル人への手紙9:14）

　聖霊が神の御霊、キリストの御霊と呼ばれるのは、聖霊が三位一体の神
（TRINITY）の第三位格（PERSON）であることを教えています。また、聖霊
の名称がたくさんあることは、聖霊の活動の多様性と豊かさを示しています。

2. 位格（人格）をもっている聖霊

1) 人格を表す代名詞が使われている

　　（HIM）「この方は真理の御霊です。世はこの方を見ることも知ることもな
いので、受け入れることができません。あなたがたは、この方を知ってい
ます。この方はあなたがたとともにおられ、また、あなたがたのうちにお
られるようになるのです。」　　　　　　　　　（ヨハネの福音書14:17）
　　（HE WILL TESTIFY OF ME）「わたしが父のもとから遣わす助け主、すなわち、
父から出る真理の御霊が来るとき、その方がわたしについて証ししてくだ
さいます。」　　　　　　　　　　　　　　　　（ヨハネの福音書15:26）

（HE）「その方が来ると、罪について、義について、さばきについて、世の誤りを明らかになさいます。……しかし、その方、すなわち真理の御霊が来ると、あなたがたをすべての真理に導いてくださいます。御霊は自分から語るのではなく、聞いたことをすべて語り、これから起こることをあなたがたに伝えてくださいます。御霊はわたしの栄光を現されます。わたしのものを受けて、あなたがたに伝えてくださるのです。」

（ヨハネの福音書16:8、13-14）

（ME）「彼らが主を礼拝し、断食していると、聖霊が『さあ、わたしのためにバルナバとサウロを聖別して、わたしが召した働きに就かせなさい』と言われた。」

（使徒の働き13:2）

（THE SPIRIT HIMSELF）御霊ご自身が、私たちの霊とともに、私たちが神の子どもであることを証ししてくださいます。同じように御霊も、弱い私たちを助けてくださいます。私たちは、何をどう祈ったらよいか分からないのですが、御霊ご自身が、ことばにならないうめきをもって、とりなしてくださるのです。」

（ローマ人への手紙8:16、26）

2）品性をもっている

「それを、神は私たちに御霊によって啓示してくださいました。御霊はすべてのことを、神の深みさえも探られるからです。人間のことは、その人のうちにある人間の霊のほかに、いったいだれが知っているでしょう。同じように、神のことは、神の霊のほかにはだれも知りません。」

（コリント人への手紙第一2:10-11）

「人間の心を探る方は、御霊の思いが何であるかを知っておられます。なぜなら、御霊は神のみこころにしたがって、聖徒たちのためにとりなしてくださるからです。」

（ローマ人への手紙8:27）

● 知性

「あなたは、彼らを賢くしようと、ご自分の良き霊を与え、彼らの口からあなたのマナを絶やさず、彼らが渇いたときには水を与えられました。」

（ネヘミヤ記9:20）

「しかし、助け主、すなわち、父がわたしの名によってお遣わしになる聖霊は、あなたがたにすべてのことを教え、わたしがあなたがたに話したすべてのことを思い起こさせてくださいます。」　　　　　（ヨハネの福音書14:26）

● 意思

「その方が来ると、罪について、義について、さばきについて、世の誤りを明らかになさいます。」　　　　　　　　　　　　　（ヨハネの福音書16:8）

「それから彼らは、アジアでみことばを語ることを聖霊によって禁じられたので、フリュギア・ガラテヤの地方を通って行った。こうしてミシアの近くまで来たとき、ビティニアに進もうとしたが、イエスの御霊がそれを許されなかった。」　　　　　　　　　　　　　　　　（使徒の働き16:6-7）

「同じ一つの御霊がこれらすべてのことをなさるのであり、御霊は、みこころのままに、一人ひとりそれぞれに賜物を分け与えてくださるのです。」　　　　　　　　　　　　　　　　（コリント人への手紙第一12:11）

「人間の心を探る方は、御霊の思いが何であるかを知っておられます。なぜなら、御霊は神のみこころにしたがって、聖徒たちのためにとりなしてくださるからです。」　　　　　　　　　　　　（ローマ人への手紙8:27）

● 力

「しかし、聖霊があなたがたの上に臨むとき、あなたがたは力を受けます。そして、エルサレム、ユダヤとサマリアの全土、さらに地の果てまで、わたしの証人となります。」　　　　　　　　　　　　　　　（使徒の働き1:8）

● 愛

「兄弟たち。私たちの主イエス・キリストによって、また、御霊の愛によってお願いします。私のために、私とともに力を尽くして、神に祈ってください。」　　　　　　　　　　　　　　　（ローマ人への手紙15:30）

「この方は真理の御霊です。世はこの方を見ることも知ることもないので、受け入れることができません。あなたがたは、この方を知っています。この方はあなたがたとともにおられ、また、あなたがたのうちにおられるよ

うになるのです。」　　　　　　　　　　　　　　　　　　　　（ヨハネの福音書14:17）

● 聖

「聖なる霊によれば、死者の中からの復活により、力ある神の子として公に示された方、私たちの主イエス・キリストです。」（ローマ人への手紙1:4）

● 慈愛

「あなたは、彼らを賢くしようと、ご自分の良き霊を与え、彼らの口からあなたのマナを絶やさず、彼らが渇いたときには水を与えられました。」

（ネヘミヤ記9:20）

　聖霊は、真の品格をもっている人格者です。ですから、キリスト者は、聖霊の人格を信じて愛と喜びをもって人格的に聖霊をあがめ、聖霊の品格を正しく知ることが大事です。

3) 人格的な活動をしている

(1) 賜物を分け与える

「同じ一つの御霊がこれらすべてのことをなさるのであり、御霊は、みこころのままに、一人ひとりそれぞれに賜物を分け与えてくださるのです。」　　　　　　　　　　　　　　　　　　（コリント人への手紙第一12:11）

「そのうえ神も、しるしと不思議と様々な力あるわざにより、また、みこころにしたがって聖霊が分け与えてくださる賜物によって、救いを証ししてくださいました。」　　　　　　　　　　　　　　　（ヘブル人への手紙2:4）

(2) 教会に言われる

「彼らが主を礼拝し、断食していると、聖霊が『さあ、わたしのためにバルナバとサウロを聖別して、わたしが召した働きに就かせなさい』と言われた。」　　　　　　　　　　　　　　　　　　　　　（使徒の働き13:2）

「耳のある者は、御霊が諸教会に告げることを聞きなさい。勝利を得る者には、わたしはいのちの木から食べることを許す。それは神のパラダイス

にある。』」

（ヨハネの黙示録2:7）

⑶ キリストを証しする

「わたしが父のもとから遣わす助け主、すなわち、父から出る真理の御霊が来るとき、その方がわたしについて証ししてくださいます。」

（ヨハネの福音書15:26）

⑷ 真理を教える

「しかし、助け主、すなわち、父がわたしの名によってお遣わしになる聖霊は、あなたがたにすべてのことを教え、わたしがあなたがたに話したすべてのことを思い起こさせてくださいます。」 （ヨハネの福音書14:26）

⑸ 誤りを認めさせる

「その方が来ると、罪について、義について、さばきについて、世の誤りを明らかになさいます。罪についてというのは、彼らがわたしを信じないからです。義についてとは、わたしが父のもとに行き、あなたがたがもはやわたしを見なくなるからです。さばきについてとは、この世を支配する者がさばかれたからです。」 （ヨハネの福音書16:8-11）

⑹ 人を生かす

「いのちを与えるのは御霊です。肉は何の益ももたらしません。わたしがあなたがたに話してきたことばは、霊であり、またいのちです。」

（ヨハネの福音書6:63）

「神は私たちに、新しい契約に仕える者となる資格を下さいました。文字に仕える者ではなく、御霊に仕える者となる資格です。文字は殺し、御霊は生かすからです。」 （コリント人への手紙第二3:6）

「神は、私たちが行った義のわざによってではなく、ご自分のあわれみによって、聖霊による再生と刷新の洗いをもって、私たちを救ってくださいました。神はこの聖霊を、私たちの救い主イエス・キリストによって、私たちに豊かに注いでくださったのです。」 （テトスへの手紙3:5-6）

(7) 真理に導く

「しかし、その方、すなわち真理の御霊が来ると、あなたがたをすべての真理に導いてくださいます。御霊は自分から語るのではなく、聞いたことをすべて語り、これから起こることをあなたがたに伝えてくださいます。」 (ヨハネの福音書16:13)

(8) 聖徒のためにとりなしをする

「人間の心を探る方は、御霊の思いが何であるかを知っておられます。なぜなら、御霊は神のみこころにしたがって、聖徒たちのためにとりなしてくださるからです。」 (ローマ人への手紙8:27)

(9) キリストの栄光を現す

「御霊はわたしの栄光を現されます。わたしのものを受けて、あなたがたに伝えてくださるのです。」 (ヨハネの福音書16:14)

(10) 任務につかせる

「彼らが主を礼拝し、断食していると、聖霊が『さあ、わたしのためにバルナバとサウロを聖別して、わたしが召した働きに就かせなさい』と言われた。」 (使徒の働き13:2)

(11) 聖化する

「異邦人のためにキリスト・イエスに仕える者となったからです。私は神の福音をもって、祭司の務めを果たしています。それは異邦人が、聖霊によって聖なるものとされた、神に喜ばれるささげ物となるためです。」

(ローマ人への手紙15:16)

「しかし、主に愛されている兄弟たち。私たちはあなたがたのことについて、いつも神に感謝しなければなりません。神が、御霊による聖別と、真理に対する信仰によって、あなたがたを初穂として救いに選ばれたからです。」 (テサロニケ人への手紙第二2:13)

「父なる神の予知のままに、御霊による聖別によって、イエス・キリスト

に従うように、またその血の注ぎかけを受けるように選ばれた人たちへ。恵みと平安が、あなたがたにますます豊かに与えられますように。」

（ペテロの手紙第一1:2）

⑿ 救いを保証する

「このキリストにあって、あなたがたもまた、真理のことば、あなたがたの救いの福音を聞いてそれを信じたことにより、約束の聖霊によって証印を押されました。聖霊は私たちが御国を受け継ぐことの保証です。このことは、私たちが贖われて神のものとされ、神の栄光がほめたたえられるためです。」

（エペソ人への手紙1:13-14）

「神の聖霊を悲しませてはいけません。あなたがたは、贖いの日のために、聖霊によって証印を押されているのです。」

（エペソ人への手紙4:30）

⒀ 助ける

「同じように御霊も、弱い私たちを助けてくださいます。私たちは、何をどう祈ったらよいか分からないのですが、御霊ご自身が、ことばにならないうめきをもって、とりなしてくださるのです。」　（ローマ人への手紙8:26）

「そしてわたしが父にお願いすると、父はもう一人の助け主をお与えくださり、その助け主がいつまでも、あなたがたとともにいるようにしてくださいます。」

（ヨハネの福音書14:16）

⒁ キリストを信じさせる

「ですから、あなたがたに次のことを教えておきます。神の御霊によって語る者はだれも『イエスは、のろわれよ』と言うことはなく、また、聖霊によるのでなければ、だれも『イエスは主です』と言うことはできません。」

（コリント人への手紙第一12:3）

⒂ 神の子どもである確信を与える

「御霊ご自身が、私たちの霊とともに、私たちが神の子どもであることを証ししてくださいます。」

（ローマ人への手紙8:16）

(16) 自由を与える

「主は御霊です。そして、主の御霊がおられるところには自由があります。」

(コリント人への手紙第二3:17)

(17) 永遠の報いを保証する

「また私は、天からの声がこう言うのを聞いた。『書き記せ、「今から後、主にあって死ぬ死者は幸いである」と。』御霊も言われる。『しかり。その人たちは、その労苦から解き放たれて安らぐことができる。彼らの行いが、彼らとともについて行くからである。』」

(ヨハネの黙示録14:13)

(18) 御霊の実を結ばせる

「しかし、御霊の実は、愛、喜び、平安、寛容、親切、善意、誠実、柔和、自制です。このようなものに反対する律法はありません。」

(ガラテヤ人への手紙5:22-23)

(19) 力と愛と慎みを与える

「神は私たちに、臆病の霊ではなく、力と愛と慎みの霊を与えてくださいました。」

(テモテへの手紙第二1:7)

(20) キリストの証人とする

「しかし、聖霊があなたがたの上に臨むとき、あなたがたは力を受けます。そして、エルサレム、ユダヤとサマリアの全土、さらに地の果てまで、わたしの証人となります。」

(使徒の働き1:8)

(21) キリスト者と共に住む

「この方は真理の御霊です。世はこの方を見ることも知ることもないので、受け入れることができません。あなたがたは、この方を知っています。この方はあなたがたとともにおられ、また、あなたがたのうちにおられるようになるのです。」

(ヨハネの福音書14:17)

「あなたがたは、自分が神の宮であり、神の御霊が自分のうちに住んでお

られることを知らないのですか。」　　　　　（コリント人への手紙第一3:16）

　このように聖霊は、キリスト者の内に住みながら、人格的な生活をしておられます。このような働きを通して、キリスト者を正しいところに導いてくださいます。

4) 三位一体の神として働く

⑴ 父、子、聖霊の御名によって洗礼を受けるときも、父と子と一緒に働く
　　「ですから、あなたがたは行って、あらゆる国の人々を弟子としなさい。父、子、聖霊の名において彼らにバプテスマを授け……」

　　　　　　　　　　　　　　　　　　　　　　　（マタイの福音書28:19）

　ここの御名（The name）は複数ではなく単数です。それは父、子、聖霊が三位格としておられ、一体となっている神であるからです。

⑵ 主イエス・キリストの恵み、神の愛、聖霊の交わりがありますようにと祝福と祈りをささげるときも、キリストと神と一緒に働く
　　「主イエス・キリストの恵み、神の愛、聖霊の交わりが、あなたがたすべてとともにありますように。」　　　　（コリント人への手紙第二13:13）

⑶ キリスト者に教会と福音宣教のために賜物を与えるときも、神と主であるイエス・キリストと一緒に働く
　　「さて、賜物はいろいろありますが、与える方は同じ御霊です。奉仕はいろいろありますが、仕える相手は同じ主です。働きはいろいろありますが、同じ神がすべての人の中で、すべての働きをなさいます。」

　　　　　　　　　　　　　　　　　　　　　　（コリント人への手紙第一12:4-6）

⑷ 人間を救うときに、神、（選びの働き）と御子（血による贖い）と、一緒に働く聖霊（御国に入る保証）
　　「父なる神の予知のままに、御霊による聖別によって、イエス・キリスト

に従うように、またその血の注ぎかけを受けるように選ばれた人たちへ。恵みと平安が、あなたがたにますます豊かに与えられますように。」

（ペテロの手紙第一1:2）

「神は、みこころの良しとするところにしたがって、私たちをイエス・キリストによってご自分の子にしようと、愛をもってあらかじめ定めておられました。」

（エペソ人への手紙1:5）

「このキリストにあって、私たちはその血による贖い、背きの罪の赦しを受けています。これは神の豊かな恵みによることです。」

（エペソ人への手紙1:7）

「聖霊は私たちが御国を受け継ぐことの保証です。このことは、私たちが贖われて神のものとされ、神の栄光がほめたたえられるためです。」

（エペソ人への手紙1:14）

　聖霊が父なる神と子なるキリストと一緒に働くことは、真の人格者であり、真の神であることを示しています。

5) 感情をもっている

(1) 主の御霊を試みることもできます

「そこでペテロは彼女に言った。『なぜあなたがたは、心を合わせて主の御霊を試みたのか。見なさい。あなたの夫を葬った人たちの足が戸口まで来ている。彼らがあなたを運び出すことになる。』」

（使徒の働き5:9）

(2) 聖霊を欺くこともできます

「すると、ペテロは言った。『アナニア。なぜあなたはサタンに心を奪われて聖霊を欺き、地所の代金の一部を自分のために取っておいたのか。』」

（使徒の働き5:3）

(3) 聖霊を悲しませることもできます

「神の聖霊を悲しませてはいけません。あなたがたは、贖いの日のために、聖霊によって証印を押されているのです。」

（エペソ人への手紙4:30）

「しかし彼らは逆らって、主の聖なる御霊を悲しませたので、主は彼らの
敵となり、自ら彼らと戦われた。」
（イザヤ書63:10）

(4) 聖霊に逆らうこともできます

「うなじを固くする、心と耳に割礼を受けていない人たち。あなたがたは、
いつも聖霊に逆らっています。あなたがたの先祖たちが逆らったように、
あなたがたもそうしているのです。」
（使徒の働き7:51）

(5) 聖霊を侮ることもできます

「まして、神の御子を踏みつけ、自分を聖なるものとした契約の血を汚れ
たものと見なし、恵みの御霊を侮る者は、いかに重い処罰に値するかが分
かるでしょう。」
（ヘブル人への手紙10:29）

(6) 聖霊を汚すこともできます

「人の子を悪く言う者はだれでも赦されます。しかし、聖霊を冒瀆する者
は赦されません。」
（ルカの福音書12:10）

　人格、感情をもっていない者に対しては、試みることも、欺くことも、悲し
ませることも、逆らうことも、侮ることも、汚すこともできません。しかし聖
霊は真の人格と感情をもっているので、このようなことができます。聖霊の豊
かな助けを頂くためには、いつも人格的に聖霊と交わることが大切です。

3. 神としての聖霊の性質

1) 永遠性

「まして、キリストが傷のないご自分を、とこしえの御霊によって神にお
献げになったその血は、どれだけ私たちの良心をきよめて死んだ行いから
離れさせ、生ける神に仕える者にすることでしょうか。」
（ヘブル人への手紙9:14）

2) 全知性

「それを、神は私たちに御霊によって啓示してくださいました。御霊はすべてのことを、神の深みさえも探られるからです。人間のことは、その人のうちにある人間の霊のほかに、いったいだれが知っているでしょう。同じように、神のことは、神の霊のほかにはだれも知りません。」

（コリント人への手紙第一2:10-11）

「しかし、助け主、すなわち、父がわたしの名によってお遣わしになる聖霊は、あなたがたにすべてのことを教え、わたしがあなたがたに話したすべてのことを思い起こさせてくださいます。」　（ヨハネの福音書14:26）

「あなたがたに話すことはまだたくさんありますが、今あなたがたはそれに耐えられません。しかし、その方、すなわち真理の御霊が来ると、あなたがたをすべての真理に導いてくださいます。御霊は自分から語るのではなく、聞いたことをすべて語り、これから起こることをあなたがたに伝えてくださいます。」

（ヨハネの福音書16:12-13）

3) 全能性

「御使いは彼女に答えた。『聖霊があなたの上に臨み、いと高き方の力があなたをおおいます。それゆえ、生まれる子は聖なる者、神の子と呼ばれます。』」

（ルカの福音書1:35）

「イエス・キリストの誕生は次のようであった。母マリアはヨセフと婚約していたが、二人がまだ一緒にならないうちに、聖霊によって身ごもっていることが分かった。」

（マタイの福音書1:18）

4) 遍在性

「私はどこへ行けるでしょう。あなたの御霊から離れて。どこへ逃れられるでしょう。あなたの御前を離れて。たとえ 私が天に上っても そこにあなたはおられ 私がよみに床を設けても そこにあなたはおられます。私が暁の翼を駆って 海の果てに住んでも そこでも あなたの御手が私を導き あなたの右の手が私を捕らえます。」

（詩篇139:7-10）

5) 不変性

「あなたがたに話すことはまだたくさんありますが、今あなたがたはそれに耐えられません。しかし、その方、すなわち真理の御霊が来ると、あなたがたをすべての真理に導いてくださいます。御霊は自分から語るのではなく、聞いたことをすべて語り、これから起こることをあなたがたに伝えてくださいます。」　　　　　　　　　　　　　　（ヨハネの福音書16:12-13）

「この方は、水と血によって来られた方、イエス・キリストです。水によるだけではなく、水と血によって来られました。御霊はこのことを証しする方です。御霊は真理だからです。」　　　　　　　　　（ヨハネの手紙第一5:6）

聖霊は真理であり、真理は永遠に変わることがありません。

4. 神としての聖霊の働き

1) 天地万物を創造する

「地は茫漠として何もなく、闇が大水の面の上にあり、神の霊がその水の面を動いていた。」（創世記1:2）

2) 人々を救う

「イエスは答えられた。『まことに、まことに、あなたに言います。人は、水と御霊によって生まれなければ、神の国に入ることはできません。』」
　　　　　　　　　　　　　　　　　　　　　　　（ヨハネの福音書3:5）

「あなたがたのうちのある人たちは、以前はそのような者でした。しかし、主イエス・キリストの御名と私たちの神の御霊によって、あなたがたは洗われ、聖なる者とされ、義と認められたのです。」
　　　　　　　　　　　　　　　　　　　　　　（コリント人への手紙第一6:11）

「このキリストにあって、あなたがたもまた、真理のことば、あなたがたの救いの福音を聞いてそれを信じたことにより、約束の聖霊によって証印

を押されました。」 （エペソ人への手紙1:13）

3) 聖書を記録する人々に霊感を与える

「ただし、聖書のどんな預言も勝手に解釈するものではないことを、まず
心得ておきなさい。預言は、決して人間の意志によってもたらされたもの
ではなく、聖霊に動かされた人たちが神から受けて語ったものです。」

（ペテロの手紙第二1:20-21）

4) 死ぬべきからだを生かす

「イエスを死者の中からよみがえらせた方の御霊が、あなたがたのうちに
住んでおられるなら、キリストを死者の中からよみがえらせた方は、あな
たがたのうちに住んでおられるご自分の御霊によって、あなたがたの死ぬ
べきからだも生かしてくださいます。」 （ローマ人への手紙8:11）

「いのちを与えるのは御霊です。肉は何の益ももたらしません。わたしが
あなたがたに話してきたことばは、霊であり、またいのちです。」

（ヨハネの福音書6:63）

5) 被造物を新しくする

「あなたが御霊を送られると 彼らは創造されます。あなたは地の面を新
しくされます。」 （詩篇104:30）

このような働きができることは、聖霊が真の神であることを示しています。

5. 神である聖霊（THE LORD IS THE SPIRIT）

「主は御霊です。そして、主の御霊がおられるところには自由がありま
す。」 （コリント人への手紙第二3:17）

（聖霊を欺くことは神を欺くことです）

「すると、ペテロは言った。アナニア。なぜあなたはサタンに心を奪われて聖霊を欺き、地所の代金の一部を自分のために取っておいたのか。売らないでおけば、あなたのものであり、売った後でも、あなたの自由になったではないか。どうして、このようなことを企んだのか。あなたは人を欺いたのではなく、神を欺いたのだ。」 （使徒の働き5:3-4）

6. 聖霊に対するキリスト者の姿勢

1）聖霊によって生きる

「私たちは、御霊によって生きているのなら、御霊によって進もうではありませんか。」 （ガラテヤ人への手紙5:25）

2）御霊が自分の内に住んでいることを知る

「しかし、もし神の御霊があなたがたのうちに住んでおられるなら、あなたがたは肉のうちにではなく、御霊のうちにいるのです。もし、キリストの御霊を持っていない人がいれば、その人はキリストのものではありません。キリストがあなたがたのうちにおられるなら、からだは罪のゆえに死んでいても、御霊が義のゆえにいのちとなっています。イエスを死者の中からよみがえらせた方の御霊が、あなたがたのうちに住んでおられるなら、キリストを死者の中からよみがえらせた方は、あなたがたのうちに住んでおられるご自分の御霊によって、あなたがたの死ぬべきからだも生かしてくださいます。」 （ローマ人への手紙8:9-11）

「そしてわたしが父にお願いすると、父はもう一人の助け主をお与えくださり、その助け主がいつまでも、あなたがたとともにいるようにしてくださいます。この方は真理の御霊です。世はこの方を見ることも知ることもないので、受け入れることができません。あなたがたは、この方を知っています。この方はあなたがたとともにおられ、また、あなたがたのうちにおられるようになるのです。」 （ヨハネの福音書14:16-17）

3) 御霊に満たされる

「また、ぶどう酒に酔ってはいけません。そこには放蕩があるからです。
むしろ、御霊に満たされなさい。」 　　　　　　　（エペソ人への手紙5:18）

4) 御霊によって歩む

「私は言います。御霊によって歩みなさい。そうすれば、肉の欲望を満た
すことは決してありません。……御霊によって導かれているなら、あなた
がたは律法の下にはいません。……私たちは、御霊によって生きているの
なら、御霊によって進もうではありませんか。」

　　　　　　　　　　　　　　　　　　（ガラテヤ人への手紙5:16、18、25）

5) 御霊を悲しませない

「神の聖霊を悲しませてはいけません。あなたがたは、贖いの日のために、
聖霊によって証印を押されているのです。」 　　　　（エペソ人への手紙4:30）

6) 聖霊を消さない

「御霊を消してはいけません。」 　　　　　（テサロニケ人への手紙第一5:19）

7) 自分のからだが聖霊の宮であることを知る

「あなたがたは、自分が神の宮であり、神の御霊が自分のうちに住んでお
られることを知らないのですか。」 　　　　（コリント人への手紙第一3:16）
「あなたがたは知らないのですか。あなたがたのからだは、あなたがたの
うちにおられる、神から受けた聖霊の宮であり、あなたがたはもはや自分
自身のものではありません。」 　　　　　　（コリント人への手紙第一6:19）
「あなたがたも、このキリストにあって、ともに築き上げられ、御霊によ
って神の御住まいとなるのです。」 　　　　　　　（エペソ人への手紙2:22）

7. 聖霊によって生きるとき与えられる祝福

1) 必要なときに話すべきことばが示される

　「人々があなたがたを引き渡したとき、何をどう話そうかと心配しなくてもよいのです。話すことは、そのとき与えられるからです。話すのはあなたがたではなく、あなたがたのうちにあって話される、あなたがたの父の御霊です。」

（マタイの福音書10:19-20）

2) 聖霊によって、励ましを受ける

　「こうして、教会はユダヤ、ガリラヤ、サマリアの全地にわたり築き上げられて平安を得た。主を恐れ、聖霊に励まされて前進し続け、信者の数が増えていった。」

（使徒の働き9:31）

3) 聖霊によって、神の愛が心に注がれる

　「この希望は失望に終わることがありません。なぜなら、私たちに与えられた聖霊によって、神の愛が私たちの心に注がれているからです。」

（ローマ人への手紙5:5）

4) 聖霊によって、望みにあふれるようになる

　「どうか、希望の神が、信仰によるすべての喜びと平安であなたがたを満たし、聖霊の力によって希望にあふれさせてくださいますように。」

（ローマ人への手紙15:13）

5) 聖霊によって、聖なるものとされる

　「異邦人のためにキリスト・イエスに仕える者となったからです。私は神の福音をもって、祭司の務めを果たしています。それは異邦人が、聖霊によって聖なるものとされた、神に喜ばれるささげ物となるためです。」

（ローマ人への手紙15:16）

6) 聖霊によって、自由にされる

> 「主は御霊です。そして、主の御霊がおられるところには自由がありま
> す。」
> (コリント人への手紙第二3:17)

7) 聖霊によって、御霊の実が結ばれる

> 「しかし、御霊の実は、愛、喜び、平安、寛容、親切、善意、誠実、柔和、
> 自制です。このようなものに反対する律法はありません。」
> (ガラテヤ人への手紙5:22-23)

8) 聖霊によって、福音と信仰に生きる力を受ける

> 「エルサレム、ユダヤとサマリアの全土、さらに地の果てまで、わたしの
> 証人となります。」
> (使徒の働き1:8)

　聖霊によって生きるとは、神中心、キリスト中心、聖書中心に生きることで
す。この生き方の中には、見える祝福や見えない祝福がたくさんあります。語
るべきことば、励まし、神に愛されている感動、望み、自由、御霊の実、正し
く生きる力があります。

結　　論

　聖霊は、神とキリストと全く同じ神であり、礼拝の対象です。神である聖霊
の働きがなければ、神の子として新しく生まれ変わることはできません。主の
ために用いられることもできません。主が喜ばれる信仰の実を結ぶこともでき
ません。初代教会のように、今日の教会も聖霊と深い交わりをもち、絶えず聖
霊の助けを求め、聖霊の力を頂いて教会の使命を果たすことが大切です。

> 「彼らが祈り終えると、集まっていた場所が揺れ動き、一同は聖霊に満た
> され、神のことばを大胆に語り出した。」
> (使徒の働き4:31)

第 3 課　聖霊の内住と聖霊の証印

序　論

　内住とは、内に入り一緒に住むことです。証印とは、変わらない保証の印です。聖霊の内住とは、聖霊がキリストを信じる人々の内に入り、一緒に住むことです。聖霊の証印とは、聖霊がキリストを信じる人々に与える聖霊の内住、贖い、救い、復活、神の国などに対する保証の印です。特に、聖霊は、イエスを主と告白する人々の証印として、彼らの内に入り、永遠に離れないで一緒に住むようになります。私たちは、この聖霊の働きによって、神の国で頂く栄光を待ち望み、キリストに従い、キリストの証人として、勇敢に生きるようになります。

1. 聖霊の内住

　イエスは、聖霊が弟子たちの上に臨むとき、聖霊が彼らの内におられるようになることを約束しました。この約束のとおりに、聖霊は五旬節の日に彼らの上に臨みました。その後、聖霊は彼らの内に入り、彼らと共に住むようになりました。聖霊が彼らの内に入り、永遠に一緒に住んでくださることは、聖霊の本質が愛である明確な印です。この事実は信仰生活の奥義であり、喜びであり、希望です。

1) 聖書の教え

> 「そしてわたしが父にお願いすると、父はもう一人の助け主をお与えくださり、その助け主がいつまでも、あなたがたとともにいるようにしてくださいます。この方は真理の御霊です。世はこの方を見ることも知ることもないので、受け入れることができません。あなたがたは、この方を知っています。この方はあなたがたとともにおられ、また、あなたがたのうちにおられるようになるのです。」　　　　　　　　　　（ヨハネの福音書14:16-17）
>
> 「この希望は失望に終わることがありません。なぜなら、私たちに与えられた聖霊によって、神の愛が私たちの心に注がれているからです。」

（ローマ人への手紙5:5）

「しかし、もし神の御霊があなたがたのうちに住んでおられるなら、あなたがたは肉のうちにではなく、御霊のうちにいるのです。もし、キリストの御霊を持っていない人がいれば、その人はキリストのものではありません。キリストがあなたがたのうちにおられるなら、からだは罪のゆえに死んでいても、御霊が義のゆえにいのちとなっています。イエスを死者の中からよみがえらせた方の御霊が、あなたがたのうちに住んでおられるなら、キリストを死者の中からよみがえらせた方は、あなたがたのうちに住んでおられるご自分の御霊によって、あなたがたの死ぬべきからだも生かしてくださいます。」　　　　　　　　　（ローマ人への手紙8:9-11）

「あなたがたは、人を再び恐怖に陥れる、奴隷の霊を受けたのではなく、子とする御霊を受けたのです。この御霊によって、私たちは『アバ、父』と叫びます。」　　　　　　　　　　　　　　（ローマ人への手紙8:15）

「しかし私たちは、この世の霊を受けたのではなく、神からの霊を受けました。それで私たちは、神が私たちに恵みとして与えてくださったものを知るのです。」　　　　　　　　　　（コリント人への手紙第一2:12）

「あなたがたは、自分が神の宮であり、神の御霊が自分のうちに住んでおられることを知らないのですか。」　　　（コリント人への手紙第一3:16）

「あなたがたは知らないのですか。あなたがたのからだは、あなたがたのうちにおられる、神から受けた聖霊の宮であり、あなたがたはもはや自分自身のものではありません。あなたがたは、代価を払って買い取られたのです。ですから、自分のからだをもって神の栄光を現しなさい。」

（コリント人への手紙第一6:19-20）

「そして、あなたがたが子であるので、神は『アバ、父よ』と叫ぶ御子の御霊を、私たちの心に遣わされました。」　（ガラテヤ人への手紙4:6）

「神の命令を守る者は神のうちにとどまり、神もまた、その人のうちにとどまります。神が私たちのうちにとどまっておられることは、神が私たちに与えてくださった御霊によって分かります。」　（ヨハネの手紙第一3:24）

「神が私たちに御霊を与えてくださったことによって、私たちが神のうちにとどまり、神も私たちのうちにとどまっておられることが分かりま

す。」
(ヨハネの手紙第一4:13)

　私たちが聖霊の内住の奥義を悟れば悟るほど信仰生活は楽しくなります。霊と共に生きる喜びも大きくなります。神との交わりも深くなります。キリストの愛を豊かに現すようになります。自分のからだをもって神の栄光を現すようになります。

2) 内住している聖霊の恵みと働き

(1) 自分のアイデンティティが分かるようになります。

　「しかし、もし神の御霊があなたがたのうちに住んでおられるなら、あなたがたは肉のうちにではなく、御霊のうちにいるのです。もし、キリストの御霊を持っていない人がいれば、その人はキリストのものではありません。キリストがあなたがたのうちにおられるなら、からだは罪のゆえに死んでいても、御霊が義のゆえにいのちとなっています。イエスを死者の中からよみがえらせた方の御霊が、あなたがたのうちに住んでおられるなら、キリストを死者の中からよみがえらせた方は、あなたがたのうちに住んでおられるご自分の御霊によって、あなたがたの死ぬべきからだも生かしてくださいます。」
(ローマ人への手紙8:9-11)

　「愛する者たち。あなたがたは、私たちの主イエス・キリストの使徒たちが前もって語ったことばを思い起こしなさい。彼らはあなたがたにこう言いました。『終わりの時には、嘲る者たちが現れて、自分の不敬虔な欲望のままにふるまう。』この人たちは、分裂を引き起こす、生まれつきのままの人間で、御霊を持っていません。」
(ユダの手紙17-19節)

(2) イエスを「主」と告白するようになります。

　「ですから、あなたがたに次のことを教えておきます。神の御霊によって語る者はだれも『イエスは、のろわれよ』と言うことはなく、また、聖霊によるのでなければ、だれも『イエスは主です』と言うことはできません。」
(コリント人への手紙第一12:3)

⑶ 神を「アバ、父」と呼ぶようになります。

　「あなたがたは、人を再び恐怖に陥れる、奴隷の霊を受けたのではなく、子とする御霊を受けたのです。この御霊によって、私たちは『アバ、父』と叫びます。御霊ご自身が、私たちの霊とともに、私たちが神の子どもであることを証ししてくださいます。子どもであるなら、相続人でもあります。私たちはキリストと、栄光をともに受けるために苦難をともにしているのですから、神の相続人であり、キリストとともに共同相続人なのです。」　　　　　　　　　　　　　　　（ローマ人への手紙8:15-17）

⑷ 新しく生まれ、一つのからだ（キリストの教会）となります。

　「イエスは答えられた。『まことに、まことに、あなたに言います。人は、水と御霊によって生まれなければ、神の国に入ることはできません。肉によって生まれた者は肉です。御霊によって生まれた者は霊です。あなたがたは新しく生まれなければならない、とわたしが言ったことを不思議に思ってはなりません。風は思いのままに吹きます。その音を聞いても、それがどこから来てどこへ行くのか分かりません。御霊によって生まれた者もみな、それと同じです。』」　　　　　　　　　（ヨハネの福音書3:5-8）

　「私たちはみな、ユダヤ人もギリシア人も、奴隷も自由人も、一つの御霊によってバプテスマを受けて、一つのからだとなりました。そして、みな一つの御霊を飲んだのです。」　　　　　　（コリント人への手紙第一12:13）

　聖霊の働きがなければ、だれでもキリストのものになることも、新しく生まれることも、救われることも、神の国に入ることも、イエスを「主」と告白することも、神を「アバ、父」と呼ぶことも、キリストのからだ（教会）になることもできません。私たちは、聖霊の内住の恵みと働きによって、救いの恵み、信仰告白の感激、神に祈る喜び、御霊の実を結ぶ感動を具体的に体験するようになります。

3) 聖霊の内住の実際的な意味

　私たちの霊の目が開かれ、聖霊の内住の恵みを正しく知るようになれば、信

仰生活の迷いがなくなります。信仰生活が楽しくなります。聖霊の内住の恵み
が私たちの実生活の中に自然に表されるようになるからです。

(1) 救いの確実さ（certainty of salvation）と喜びがあります。

　私たちの救いの土台は、自分自身の確信（assurance）にあるものではありま
せん。私たちはイエス・キリストを信じる信仰によって救われます。イエスが
十字架上で血潮を流し、私たちの罪を贖ってくださった事実を信じる信仰によ
って救われます。この事実を私たちに悟らせる方が私たちに内住しておられる
聖霊です。

　この聖霊の働きによって私たちは救いの確実さ（certainty）と喜びをもつよ
うになります。聖霊の内住の恵みを知っている人々は、どんなときでも、救い
の確実性と喜びをもって生きるようになります。聖徒の内におられる聖霊が救
いの保証であり、救いの確実の印だからです。

> 「神はまた、私たちに証印を押し、保証として御霊を私たちの心に与えて
> くださいました。」 （コリント人への手紙第二1:22）
> 「そうなるのにふさわしく私たちを整えてくださったのは、神です。神は
> その保証として御霊を下さいました。」 （コリント人への手紙第二5:5）
> 「このキリストにあって、あなたがたもまた、真理のことば、あなたがた
> の救いの福音を聞いてそれを信じたことにより、約束の聖霊によって証印
> を押されました。聖霊は私たちが御国を受け継ぐことの保証です。このこ
> とは、私たちが贖われて神のものとされ、神の栄光がほめたたえられるた
> めです。」 （エペソ人への手紙1:13-14）

　救いは、私たちの努力や行いによって得るものではありません。救いの福音
（キリスト）を聞き、信じるとき、与えられる神の恵みです。私たちがキリス
トを信じるとき、聖霊が私たちの内に入り、救いの保証として証印を押してく
ださいます。内住しているこの聖霊は、私たちの救いを保証し、救われている
確実性と喜びを与えてくださる神です。

「私たちは、主イエスの恵みによって救われると信じていますが、あの人たちも同じなのです。」　　　　　　　　　　　　　　　　　（使徒の働き15:11）

「すなわち、イエス・キリストを信じることによって、信じるすべての人に与えられる神の義です。そこに差別はありません。」

（ローマ人への手紙3:22）

「神を愛する人たち、すなわち、神のご計画にしたがって召された人たちのためには、すべてのことがともに働いて益となることを、私たちは知っています。」　　　　　　　　　　　　　　　　　　　（ローマ人への手紙8:28）

「こうして、私たちは信仰によって義と認められたので、私たちの主イエス・キリストによって、神との平和を持っています。」

（ローマ人への手紙5:1）

「この恵みのゆえに、あなたがたは信仰によって救われたのです。それはあなたがたから出たことではなく、神の賜物です。」（エペソ人への手紙2:8）

「私はこう確信しています。死も、いのちも、御使いたちも、支配者たちも、今あるものも、後に来るものも、力あるものも、高いところにあるものも、深いところにあるものも、そのほかのどんな被造物も、私たちの主キリスト・イエスにある神の愛から、私たちを引き離すことはできません。」　　　　　　　　　　　　　　　　　　（ローマ人への手紙8:38-39）

⑵ 孤独に陥りません。

　今日の社会の深刻な問題の一つが孤独です。だれでも孤独に陥る可能性をもっています。イエスは、この問題を完全に解決する生き方をこの世で示してくださいました。イエスは、人々に捨てられても、裏切られても、ひとり残されても、無視されても、ののしられても、どんなことがあっても、孤独に陥ることはありませんでした。神が自分と共におられることを知っていたからです。イエスのように、聖霊の内住を知っている人、すなわち、聖霊に満たされている人は、孤独に陥ることなく、神と共に生きる霊的な喜びを体験するようになります。目に見えない神が自分と共におられることを体験的に分かるとき、孤独の問題が解決されます。私たちは、聖霊の働きによって神が私たちと共におられることが分かるようになります。

「わたしを遣わした方は、わたしとともにおられます。わたしを一人残されることはありません。わたしは、その方が喜ばれることをいつも行うからです。」
（ヨハネの福音書8:29）

「見なさい。その時が来ます。いや、すでに来ています。あなたがたはそれぞれ散らされて自分のところに帰り、わたしを一人残します。しかし、父がわたしとともにおられるので、わたしは一人ではありません。」
（ヨハネの福音書16:32）

「この方は真理の御霊です。世はこの方を見ることも知ることもないので、受け入れることができません。あなたがたは、この方を知っています。この方はあなたがたとともにおられ、また、あなたがたのうちにおられるようになるのです。」
（ヨハネの福音書14:17）

「わたしがあなたがたに命じておいた、すべてのことを守るように教えなさい。見よ。わたしは世の終わりまで、いつもあなたがたとともにいます。」
（マタイの福音書28:20）

「神の命令を守る者は神のうちにとどまり、神もまた、その人のうちにとどまります。神が私たちのうちにとどまっておられることは、神が私たちに与えてくださった御霊によって分かります。」
（ヨハネの手紙第一3:24）

「神が私たちに御霊を与えてくださったことによって、私たちが神のうちにとどまり、神も私たちのうちにとどまっておられることが分かります。」
（ヨハネの手紙第一4:13）

　神は、イエス・キリストを信じる人々の内におられる聖霊を通して、世の終わりまで彼らを守ってくださいます。この世だけではなく、神の国に入っても、永遠に共にいてくださいます。神の民がこの奥義を悟るとき、キリストのように、孤独に陥ることはないでしょう。この事実を信じる神の民は、この世で神の栄光を現すために、勇敢に生きるようになります。

⑶ 神に愛されている喜びがあります。
　神の民が聖霊の内住の恵みを正しく知るとき、三位一体の神の愛を深く悟り、

神に愛されている感動、喜び、感激をもって生きるようになります。キリスト
は、自分自身が神に愛されている事実を知っていたので、いつでも、どんなこ
とがあっても、失望しないで、愛されている喜びをもって歩みました。

> 「聖霊が鳩のような形をして、イエスの上に降って来られた。すると、天
> から声がした。『あなたはわたしの愛する子。わたしはあなたを喜ぶ。』」
>
> （ルカの福音書3:22）

> 「彼がまだ話している間に、見よ、光り輝く雲が彼らをおおった。すると
> 見よ、雲の中から『これはわたしの愛する子。わたしはこれを喜ぶ。彼の
> 言うことを聞け』という声がした。」　（マタイの福音書17:5）

> 「わたしは今、あなたのもとに参ります。世にあってこれらのことを話し
> ているのは、わたしの喜びが彼らのうちに満ちあふれるためです。」
>
> （ヨハネの福音書17:13）

> 「わたしは彼らのうちにいて、あなたはわたしのうちにおられます。彼ら
> が完全に一つになるためです。また、あなたがわたしを遣わされたことと、
> わたしを愛されたように彼らも愛されたことを、世が知るためです。」
>
> （ヨハネの福音書17:23）

> 「わたしは彼らにあなたの御名を知らせました。また、これからも知らせ
> ます。あなたがわたしを愛してくださった愛が彼らのうちにあり、わたし
> も彼らのうちにいるようにするためです。」　（ヨハネの福音書17:26）

※父なる神の愛は、尊いものを惜しまずに、無条件的に与える愛です。

> 「神は、実に、そのひとり子をお与えになったほどに世を愛された。それ
> は御子を信じる者が、一人として滅びることなく、永遠のいのちを持つた
> めである。」　（ヨハネの福音書3:16）

> 「私たちすべてのために、ご自分の御子さえも惜しむことなく死に渡され
> た神が、どうして、御子とともにすべてのものを、私たちに恵んでくださ
> らないことがあるでしょうか。」　（ローマ人への手紙8:32）

> 「しかし、これらすべてにおいても、私たちを愛してくださった方によっ

て、私たちは圧倒的な勝利者です。」　　　　　　　（ローマ人への手紙8:37）

「高いところにあるものも、深いところにあるものも、そのほかのどんな被造物も、私たちの主キリスト・イエスにある神の愛から、私たちを引き離すことはできません。」　　　　　　　　　　　　（ローマ人への手紙8:39）

「神はそのひとり子を世に遣わし、その方によって私たちにいのちを得させてくださいました。それによって神の愛が私たちに示されたのです。私たちが神を愛したのではなく、神が私たちを愛し、私たちの罪のために、宥めのささげ物としての御子を遣わされました。ここに愛があるのです。愛する者たち。神がこれほどまでに私たちを愛してくださったのなら、私たちもまた、互いに愛し合うべきです。」　　　　（ヨハネの手紙第一4:9-11）

※子なるキリストの愛は、人々の贖いのためにいのちを与える愛です。

「さて、過越の祭りの前のこと、イエスは、この世を去って父のみもとに行く、ご自分の時が来たことを知っておられた。そして、世にいるご自分の者たちを愛してきたイエスは、彼らを最後まで愛された。」

　　　　　　　　　　　　　　　　　　　　　　　（ヨハネの福音書13:1）

「だれが、私たちをキリストの愛から引き離すのですか。苦難ですか、苦悩ですか、迫害ですか、飢えですか、裸ですか、危険ですか、剣ですか。」　　　　　　　　　　　　　　　　　　　　（ローマ人への手紙8:35）

「というのは、キリストの愛が私たちを捕らえているからです。私たちはこう考えました。一人の人がすべての人のために死んだ以上、すべての人が死んだのである、と。」　　　　　（コリント人への手紙第二5:14）

「また、愛のうちに歩みなさい。キリストも私たちを愛して、私たちのために、ご自分を神へのささげ物、またいけにえとし、芳ばしい香りを献げてくださいました。」　　　　　　　　　　　　（エペソ人への手紙5:2）

「夫たちよ。キリストが教会を愛し、教会のためにご自分を献げられたように、あなたがたも妻を愛しなさい。」　　　　（エペソ人への手紙5:25）

「キリストも一度、罪のために苦しみを受けられました。正しい方が正しくない者たちの身代わりになられたのです。それは、肉においては死に渡

され、霊においては生かされて、あなたがたを神に導くためでした。」

（ペテロの手紙第一3:18）

※助け主である聖霊の愛は、永遠に離れないで共に住んでくださる愛です。

「そしてわたしが父にお願いすると、父はもう一人の助け主をお与えくださり、その助け主がいつまでも、あなたがたとともにいるようにしてくださいます。この方は真理の御霊です。世はこの方を見ることも知ることもないので、受け入れることができません。あなたがたは、この方を知っています。この方はあなたがたとともにおられ、また、あなたがたのうちにおられるようになるのです。」　（ヨハネの福音書14:16-17）

「兄弟たち。私たちの主イエス・キリストによって、また、御霊の愛によってお願いします。私のために、私とともに力を尽くして、神に祈ってください。」

（ローマ人への手紙15:30）

⑷ 聖く生きる喜びがあります。

聖霊の内住を知るとき、自分を見る姿勢が変わります。自分が神のもの、キリストのものであることを悟るようになります。自分自身が神の神殿であり、聖霊の宮であることも分かるようになります。この事実を聖霊の働きによって分かるとき、自分自身を聖く保つようになります。自分自身を神に喜ばれる生きたささげ物として神に献げるようになります。聖化の喜びを深く味わうようになります。主の代わりに、主のために生きるようになります。自分のからだをもって、神の栄光を現すことができるようになります。パウロのように、切なる願いをもって生きるようになります。

「あなたがたは、自分が神の宮であり、神の御霊が自分のうちに住んでおられることを知らないのですか。もし、だれかが神の宮を壊すなら、神がその人を滅ぼされます。神の宮は聖なるものだからです。あなたがたは、その宮です。」　（コリント人への手紙第一3:16-17）

「あなたがたは知らないのですか。あなたがたのからだは、あなたがたの

うちにおられる、神から受けた聖霊の宮であり、あなたがたはもはや自分自身のものではありません。あなたがたは、代価を払って買い取られたのです。ですから、自分のからだをもって神の栄光を現しなさい。」

（コリント人への手紙第一6:19-20）

「私たちは、生きるとすれば主のために生き、死ぬとすれば主のために死にます。ですから、生きるにしても、死ぬにしても、私たちは主のものです。」

（ローマ人への手紙14:8）

「もはや私が生きているのではなく、キリストが私のうちに生きておられるのです。今私が肉において生きているいのちは、私を愛し、私のためにご自分を与えてくださった、神の御子に対する信仰によるのです。」

（ガラテヤ人への手紙2:20）

「私の願いは、どんな場合にも恥じることなく、今もいつものように大胆に語り、生きるにしても死ぬにしても、私の身によってキリストがあがめられることです。」

（ピリピ人への手紙1:20）

2. 聖霊の証印

　救いは、私たちの努力によって得るものではなく、福音を聞いて、イエス・キリストを信じるとき、神の恵みによって与えられるものです。また、イエス・キリストを信じるとき、助け主である聖霊が私たちの内に入り、私たちの救いを証印してくれます。この聖霊の証印は、永遠に変わるものではありません。この証印は、私たちの救いに対する明確な保証です。ですから、私たちが、自分の罪を悔い改めてイエス・キリストを信じること、私たちの内に聖霊が入ること、聖霊の証印が押されることは、同時に起きる神の恵みであり、最高の霊的祝福です。この事実を正しく知るとき、救いの確実性と喜びをもって、神の栄光をほめたたえながら勇敢に生きるようになります。

　「神はまた、私たちに証印を押し、保証として御霊を私たちの心に与えてくださいました。」

（コリント人への手紙第二1:22）

「そうなるのにふさわしく私たちを整えてくださったのは、神です。神は

その保証として御霊を下さいました。」　　　　　（コリント人への手紙第二5:5）

「このキリストにあって、あなたがたもまた、真理のことば、あなたがた
の救いの福音を聞いてそれを信じたことにより、約束の聖霊によって証印
を押されました。聖霊は私たちが御国を受け継ぐことの保証です。このこ
とは、私たちが贖われて神のものとされ、神の栄光がほめたたえられるた
めです。」　　　　　　　　　　　　　　　　　（エペソ人への手紙1:13-14）

「神の聖霊を悲しませてはいけません。あなたがたは、贖いの日のために、
聖霊によって証印を押されているのです。」　　　（エペソ人への手紙4:30）

　聖霊の証印を受けた聖徒たちは、救いの保証として与えられている聖霊に対
して明確な意識をもつようになります。神の恵みと救いに対して確実性をもっ
て生きるようになります。聖霊は、救いの完成と栄光に対する保証です。

結　　論

　イエス・キリストを信じる人々の内に内住している助け主である聖霊は、彼
らのためにとりなしてくださいます。彼らのために持続的に祈ってくださいま
す。この聖霊は、サタンが聖徒たちの霊と魂を奪うことがないように守ってく
ださいます。彼らがつまずき倒れるときがあっても、再び立ち上がるように絶
えず祈ってくださいます。聖徒たちは、この聖霊の変わらない愛と祈りと助け
と証印があるので、この世で罪を犯して失敗することがあっても、再び立ち上
がり、救いの喜びを回復し、希望をもって神の栄光のために生きるようになり
ます。

　　「同じように御霊も、弱い私たちを助けてくださいます。私たちは、何を
　　どう祈ったらよいか分からないのですが、御霊ご自身が、ことばにならな
　　いうめきをもって、とりなしてくださるのです。人間の心を探る方は、御
　　霊の思いが何であるかを知っておられます。なぜなら、御霊は神のみここ
　　ろにしたがって、聖徒たちのためにとりなしてくださるからです。」

　　　　　　　　　　　　　　　　　　　　　　　（ローマ人への手紙8:26-27)

第4課　聖霊の満たしと聖霊によるバプテスマ

序　論

　教会である私たちが、喜びをもって主と教会に仕え、聖霊の恵みと力を頂いて、主の証人として勇敢に生きるためには、聖霊の満たしと聖霊によるバプテスマの関係について知る必要があります。この内容は、福音書と使徒の働きとパウロの書簡に書いてあります。

1. 聖霊の満たし

> 「また、ぶどう酒に酔ってはいけません。そこには放蕩があるからです。
> むしろ、御霊に満たされなさい。」　　　　　　　　（エペソ人への手紙5:18）

「πληροῦσθε ἐν πνεύματι」、「be filled with the Spirit」。この中で、「満たされなさい、πληροῦσθε、be filled」という動詞は、命令形現在受動態二人称複数動詞です。これは、現在だけではなく、繰り返して、続けて聖霊に満たされなければならないことを示しています（命令形）。また、聖霊に満たされることは、自分が作るものではなく、状況が整えられたとき与えられる神の恵みであることを教えています（受動態）。聖霊の満たしは、聖霊の内住や聖霊の証印、聖霊によるバプテスマとは違います。これらのものは一回限りの出来事ですが、聖霊の満たしは、聖霊の働きが一回限りの出来事ではなく、信仰生活の中で持続的に起きることです。主が喜ばれる信仰生活を維持するためには、聖霊の満たしがいつでも必要です。

1) 聖霊の満たしの意味

　聖霊に満たされることは、聖霊の支配を強く、豊かに受けることです。完全に聖霊に支配される状態です。自分の意思、感情、心、考えがなくなるのではなく、聖霊に支配され、聖霊が願っているところに導かれる状態です。

2) 聖霊の内住と聖霊の満たし

　聖霊の内住は、いつまでも変わるものではありません。しかし、聖霊の満た

しは、状況によって変わる場合があります。いつまでも続くものではありません。自分の弱さや罪、サタンの誘惑と攻撃があるからです。私たちが聖霊の満たしを常に維持するためには、聖霊の助けを絶えず求め、みことばに従う必要があります。

> 「そのとき、ペテロは聖霊に満たされて、彼らに言った。」（使徒の働き4:8）
> 「彼らが祈り終えると、集まっていた場所が揺れ動き、一同は聖霊に満たされ、神のことばを大胆に語り出した。」　　　　　　　　　（使徒の働き4:31）
> 「しかし、聖霊に満たされ、じっと天を見つめていたステパノは、神の栄光と神の右に立っておられるイエスを見て……」　　　　（使徒の働き7:55）
> 「すると、サウロ、別名パウロは、聖霊に満たされ、彼をにらみつけて……」　　　　　　　　　　　　　　　　　　　　　　　（使徒の働き13:9）
> 「弟子たちは喜びと聖霊に満たされていた。」　　　　（使徒の働き13:52）

3) 聖霊の満たしと罪

　罪は、私たちが聖霊に満たされることを妨害します。罪は聖霊の支配に抵抗します。聖霊に従わないで逆らいます。聖霊と罪はいつも対立しています。聖霊は聖なる神の御霊ですから、罪と一緒に働くことも、協力することも、妥協することもしません。

> 「肉が望むことは御霊に逆らい、御霊が望むことは肉に逆らうからです。この二つは互いに対立しているので、あなたがたは願っていることができなくなります。」　　　　　　　　　　　　　（ガラテヤ人への手紙5:17）

　キリストを信じる人の内に聖霊が住んでいても、その人は罪のない完全な存在ではありません。いつでも罪を犯す可能性をもっている存在です。罪性も、肉の欲も、目の欲も、暮らし向きの自慢も、腐敗した性質ももっている存在です。このように、不完全な人には聖霊の支配が制約されているので、この世で完全に聖霊に満たされることは不可能です。この事実を正しく知ることが大切です。私たちが罪のない神の国に導かれると、初めて完全に聖霊に満たされる

祝福を体験するようになります。なぜなら、神の国には、罪も、死も、悲しみも、叫びも、苦しみも、病もないからです。

> 「神は彼らの目から涙をことごとくぬぐい取ってくださる。もはや死はなく、悲しみも、叫び声も、苦しみもない。以前のものが過ぎ去ったからである。」
>
> （ヨハネの黙示録21:4）

　この世で百パーセント聖霊に満たされることが不可能であっても、失望する必要はありません。かえって、自分の弱さを神の前で認め、自分の罪を真実に告白し、百パーセント聖霊に満たされる救いの完成の日を待ち望みながら信仰に生きることが大切です。私たちは聖くなればなるほど聖霊に支配され、導かれ、心と霊の目が開かれるからです。

4) 聖霊の満たしと教会の使命（MISSIONS）

　教会が聖霊に満たされるとき、教会に与えられている使命を果たすようになります。家庭と社会生活を通して神のご性質を現すようになります。サタンとの戦いに打ち勝って神を証しするようになります。初代教会は、聖霊に満たされていたので、迫害と試練の中でも、教会の使命を果たすことができました。

> 「すると皆が聖霊に満たされ、御霊が語らせるままに、他国のいろいろなことばで話し始めた。」
>
> （使徒の働き2:4）

> 「そのとき、ペテロは聖霊に満たされて、彼らに言った。『民の指導者たち、ならびに長老の方々。私たちが今日取り調べを受けているのが、一人の病人に対する良いわざと、その人が何によって癒やされたのかということのためなら、皆さんも、またイスラエルのすべての民も、知っていただきたい。この人が治ってあなたがたの前に立っているのは、あなたがたが十字架につけ、神が死者の中からよみがえらせたナザレ人イエス・キリストの名によることです。』」
>
> （使徒の働き4:8-10）

> 「彼らが祈り終えると、集まっていた場所が揺れ動き、一同は聖霊に満たされ、神のことばを大胆に語り出した。さて、信じた大勢の人々は心と思

いを一つにして、だれ一人自分が所有しているものを自分のものと言わず、すべてを共有していた。使徒たちは、主イエスの復活を大きな力をもって証しし、大きな恵みが彼ら全員の上にあった。彼らの中には、一人も乏しい者がいなかった。地所や家を所有している者はみな、それを売り、その代金を持って来て、使徒たちの足もとに置いた。その金が、必要に応じてそれぞれに分け与えられたのであった。キプロス生まれのレビ人で、使徒たちにバルナバ（訳すと、慰めの子）と呼ばれていたヨセフも、所有していた畑を売り、その代金を持って来て、使徒たちの足もとに置いた。」

（使徒の働き4:31-37）

「『そこで、兄弟たち。あなたがたの中から、御霊と知恵に満ちた、評判の良い人たちを七人選びなさい。その人たちにこの務めを任せることにして、私たちは祈りと、みことばの奉仕に専念します。』この提案を一同はみな喜んで受け入れた。そして彼らは、信仰と聖霊に満ちた人ステパノ、およびピリポ、プロコロ、ニカノル、ティモン、パルメナ、そしてアンティオキアの改宗者ニコラオを選び、この人たちを使徒たちの前に立たせた。使徒たちは祈って、彼らの上に手を置いた。こうして、神のことばはますます広まっていき、エルサレムで弟子の数が非常に増えていった。また、祭司たちが大勢、次々と信仰に入った。」
（使徒の働き6:3-7）

「さて、ステパノは恵みと力に満ち、人々の間で大いなる不思議としるしを行っていた。」
（使徒の働き6:8）

「しかし、聖霊に満たされ、じっと天を見つめていたステパノは、神の栄光と神の右に立っておられるイエスを見て、『見なさい。天が開けて、人の子が神の右に立っておられるのが見えます』と言った。」

（使徒の働き7:55-56）

「彼は立派な人物で、聖霊と信仰に満ちている人であった。こうして、大勢の人たちが主に導かれた。」
（使徒の働き11:24）

「すると、サウロ、別名パウロは、聖霊に満たされ、彼をにらみつけて、こう言った。『ああ、あらゆる偽りとあらゆる悪事に満ちた者、悪魔の子、すべての正義の敵、おまえは、主のまっすぐな道を曲げることをやめないのか。見よ、主の御手が今、おまえの上にある。おまえは盲目になって、

しばらくの間、日の光を見ることができなくなる。』するとたちまち、かすみと闇が彼をおおったため、彼は手を引いてくれる人を探し回った。総督はこの出来事を見て、主の教えに驚嘆し、信仰に入った。」

（使徒の働き13:9-12）

5) 聖霊に対する罪

　聖霊に対する罪は、どんな罪よりも恐ろしいものです。私たちは、意識的、無意識的に聖霊に対して罪を犯さないように気をつけなければなりません。聖書は、聖霊に対する罪を具体的に教えています。

(1) 聖霊を汚す罪

　イエスは聖霊の力によって悪霊を追い出しましたが、パリサイ人は、ベルゼブル（サタン）の力によって追い出したと言いました。そのとき、イエスが彼らに語った内容が聖霊を汚す罪です。この罪は、聖霊の愛のわざをサタンのわざにチェンジする罪、すなわち聖霊を冒瀆する罪です。人々の間違った推測がこの罪を犯す可能性を生じさせます。

　「ですから、わたしはあなたがたに言います。人はどんな罪も冒瀆も赦していただけますが、御霊に対する冒瀆は赦されません。また、人の子に逆らうことばを口にする者でも赦されます。しかし、聖霊に逆らうことを言う者は、この世でも次に来る世でも赦されません。」

（マタイの福音書12:31-32）

　「まことに、あなたがたに言います。人の子らは、どんな罪も赦していただけます。また、どれほど神を冒瀆することを言っても、赦していただけます。しかし聖霊を冒瀆する者は、だれも永遠に赦されず、永遠の罪に定められます。」

（マルコの福音書3:28-29）

(2) 聖霊を侮る罪

　聖霊は、キリストの血潮の贖いを証ししています。キリストの尊い贖いの死を一般の人々の死と同じように考え、キリストの贖いのわざを拒む罪です。

人々の高慢な心が、この罪を犯す可能性を生じさせます。

「まして、神の御子を踏みつけ、自分を聖なるものとした契約の血を汚れ
たものと見なし、恵みの御霊を侮る者は、いかに重い処罰に値するかが分
かるでしょう。」　　　　　　　　　　　　　　　（ヘブル人への手紙10:29）

「もし私たちが、真理の知識を受けた後、進んで罪にとどまり続けるなら、
もはや罪のきよめのためにはいけにえは残されておらず……」
　　　　　　　　　　　　　　　　　　　　　　　（ヘブル人への手紙10:26）

「まして、キリストが傷のないご自分を、とこしえの御霊によって神にお
献げになったその血は、どれだけ私たちの良心をきよめて死んだ行いから
離れさせ、生ける神に仕える者にすることでしょうか。」
　　　　　　　　　　　　　　　　　　　　　　　　（ヘブル人への手紙9:14）

「私たちは神から出た者です。神を知っている者は私たちの言うことを聞
き、神から出ていない者は私たちの言うことを聞きません。それによって
私たちは、真理の霊と偽りの霊を見分けます。」　　（ヨハネの手紙第一4:6）

(3) 聖霊を悲しませる罪

　これは、神の愛とあわれみと恵みを続けて無視し、逆らう罪です。聖霊は、
私たちが罪に対して反抗するのを願っています。私たちが罪と妥協することは、
聖霊との信頼関係を破壊することです。聖霊は罪と一緒に働かないからです。
私たちが罪を犯すとき、聖霊は、その人の内で悲しみながら耐え忍びます。こ
の罪を犯さないためには、聖霊が心に与える神のことばに従うことが大切です。
人々の不従順と罪に対する妥協がこの罪を犯す可能性を生じさせます。

「彼らが苦しむときには、いつも主も苦しみ、主の臨在の御使いが彼らを
救った。その愛とあわれみによって、主は彼らを贖い、昔からずっと彼ら
を背負い、担ってくださった。しかし彼らは逆らって、主の聖なる御霊を
悲しませたので、主は彼らの敵となり、自ら彼らと戦われた。」
　　　　　　　　　　　　　　　　　　　　　　　　　　　（イザヤ書63:9-10）

「神の聖霊を悲しませてはいけません。あなたがたは、贖いの日のために、

聖霊によって証印を押されているのです。」　　　　　（エペソ人への手紙4:30）

(4) 聖霊に逆らう罪

　これは、神のことばと約束を疑う罪です。人々の不信仰がこの罪を犯す可能性を生じさせます。

> 「うなじを固くする、心と耳に割礼を受けていない人たち。あなたがたは、いつも聖霊に逆らっています。あなたがたの先祖たちが逆らったように、あなたがたもそうしているのです。」　　　　　　　　　　（使徒の働き7:51）

(5) 聖霊を欺く罪、聖霊を試みる罪

　これは、人々に認められるために、人々を騙して、欺く罪です。人々を欺くことと、人々に嘘を言うことは、聖霊を試みることです。すなわち、人の心の状況を全部知っている全知なる聖霊を信じない罪です。人々の不真実がこの罪を犯す可能性を生じさせます。

> 「すると、ペテロは言った。『アナニア。なぜあなたはサタンに心を奪われて聖霊を欺き、地所の代金の一部を自分のために取っておいたのか。売らないでおけば、あなたのものであり、売った後でも、あなたの自由になったではないか。どうしてこのようなことを企んだのか。あなたは人を欺いたのではなく、神を欺いたのだ。』」　　　　　（使徒の働き5:3-4）
> 「そこでペテロは彼女に言った。『なぜあなたがたは、心を合わせて主の御霊を試みたのか。見なさい。あなたの夫を葬った人たちの足が戸口まで来ている。彼らがあなたを運び出すことになる。』」　　　　　（使徒の働き5:9）

(6) 聖霊を消す罪

　これは、聖霊が与える悟り、感動を無視する罪です。聖霊がみことば、良心、説教などを通して話すとき、従うことが大事です。人々の偏見がこの罪を犯す可能性を生じさせます。

「御霊を消してはいけません。」　　　　　（テサロニケ人への手紙第一5:19）

　聖霊は、主の民に神のみことばと約束を信じるように働きます。聖霊は、イエス・キリストと、十字架の救いのみわざを証しします。聖霊は、主の民が聖い生活をし、神のご性質を現しながら生きるように感動を与えます。私たちが聖霊の働き、聖霊の証し、聖霊の感動を自分の生活の中で適用しながら生きるとき、聖霊が与えてくださる満たしの祝福を豊かに味わうようになります。特に、信仰生活の三代病は、不信仰、不従順、つぶやきです。この病気にかからないためには、私たちが信仰に生きること、みことばに従うこと、すべてのことについて感謝することが何よりも大切です。

6) 聖霊に満たされる生き方

　イエス・キリストを信じている人の内に住んでおられる聖霊は、その人が人格的に聖霊の働きを覚えて反応することを切に願っています。聖霊は、神とキリストと同じように人格、品格をもっておられるからです。私たちが、聖霊が喜ばれる生き方を忠実に実行すれば、聖霊に満たされるようになります。私たちが聖霊に従って真実に生きるとき、神から与えられる賜物が聖霊の満たしだからです。聖書は、聖霊に満たされる生き方と続けて維持する生き方について明確に教えています。

⑴ 罪を悔い改め、聖霊によるバプテスマを受け、聖く生きることです。

　「そこで、ペテロは彼らに言った。『それぞれ罪を赦していただくために、悔い改めて、イエス・キリストの名によってバプテスマを受けなさい。そうすれば、賜物として聖霊を受けます。この約束は、あなたがたに、あなたがたの子どもたちに、そして遠くにいるすべての人々に、すなわち、私たちの神である主が召される人ならだれにでも、与えられているのです。』」　　　　　　　　　　　　　　　（使徒の働き2:38-39）

　「ですから、兄弟たち、私は神のあわれみによって、あなたがたに勧めます。あなたがたのからだを、神に喜ばれる、聖なる生きたささげ物として献げなさい。それこそ、あなたがたにふさわしい礼拝です。この世と調子

を合わせてはいけません。むしろ、心を新たにすることで、自分を変えていただきなさい。そうすれば、神のみこころは何か、すなわち、何が良いことで、神に喜ばれ、完全であるのかを見分けるようになります。」

（ローマ人への手紙12:1-2）

● 参考：生まれながらの人間（コリント人への手紙第一2:14）、肉に属する人（コリント人への手紙第一3:1-3）肉の欲を満たす人（ガラテヤ人への手紙5:16-21）は、聖霊に満たされることはできません。

(2) 切に求めることです。

「ですから、あなたがたは悪い者であっても、自分の子どもたちには良いものを与えることを知っています。それならなおのこと、天の父はご自分に求める者たちに聖霊を与えてくださいます。」 （ルカの福音書11:13）

「彼らはみな、女たちとイエスの母マリア、およびイエスの兄弟たちとともに、いつも心を一つにして祈っていた。」 （使徒の働き1:14）

「彼らが祈り終えると、集まっていた場所が揺れ動き、一同は聖霊に満たされ、神のことばを大胆に語り出した。」 （使徒の働き4:31）

「あなたがたがわたしに呼びかけ、来て、わたしに祈るなら、わたしはあなたがたに耳を傾ける。あなたがたがわたしを捜し求めるとき、心を尽くしてわたしを求めるなら、わたしを見つける。」 （エレミヤ書29:12-13）

(3) 神に従うことです。

「私たちはこれらのことの証人です。神がご自分に従う者たちにお与えになった聖霊も証人です。」 （使徒の働き5:32）

(4) 信仰によって生きることです。

「福音には神の義が啓示されていて、信仰に始まり信仰に進ませるからです。『義人は信仰によって生きる』と書いてあるとおりです。」

（ローマ人への手紙1:17）

「あなたがたに御霊を与え、あなたがたの間で力あるわざを行われる方は、

あなたがたが律法を行ったから、そうなさるのでしょうか。それとも信仰をもって聞いたから、そうなさるのでしょうか。」（ガラテヤ人への手紙3:5）

(5) イエス・キリストを学ぶことです。

「神が遣わした方は、神のことばを語られる。神が御霊を限りなくお与えになるからである。」　　　　　　　　　（ヨハネの福音書3:34）

「イエスはバプテスマを受けて、すぐに水から上がられた。すると見よ、天が開け、神の御霊が鳩のようにご自分の上に降って来られるのをご覧になった。」　　　　　　　　　（マタイの福音書3:16）

「さて、民がみなバプテスマを受けていたころ、イエスもバプテスマを受けられた。そして祈っておられると、天が開け、聖霊が鳩のような形をして、イエスの上に降って来られた。すると、天から声がした。『あなたはわたしの愛する子。わたしはあなたを喜ぶ。』」　　（ルカの福音書3:21-22）

「さて、イエスは聖霊に満ちてヨルダンから帰られた。そして御霊によって荒野に導かれ……」　　　　　　　　　（ルカの福音書4:1）

「イエスは御霊の力を帯びてガリラヤに帰られた。すると、その評判が周辺一帯に広まった。」　　　　　　　　　（ルカの福音書4:14）

「ちょうどそのとき、イエスは聖霊によって喜びにあふれて言われた。『天地の主であられる父よ、あなたをほめたたえます。あなたはこれらのことを、知恵ある者や賢い者には隠して、幼子たちに現してくださいました。そうです、父よ、これはみこころにかなったことでした。』」

（ルカの福音書10:21）

「こう言いました。『コルネリウス。あなたの祈りは聞き入れられ、あなたの施しは神の前に覚えられています。』」　　　（使徒の働き10:31）

(6) 神の前でみことばを聞くことです。

「それで、私はすぐにあなたのところに人を送ったのです。ようこそおいでくださいました。今、私たちはみな、主があなたにお命じになったすべてのことを伺おうとして、神の御前に出ております。」（使徒の働き10:33）

「ペテロがなおもこれらのことを話し続けていると、みことばを聞いてい

たすべての人々に、聖霊が下った。割礼を受けている信者で、ペテロと一緒に来た人たちは、異邦人にも聖霊の賜物が注がれたことに驚いた。彼らが異言を語り、神を賛美するのを聞いたからである。するとペテロは言った。『この人たちが水でバプテスマを受けるのを、だれが妨げることができるでしょうか。私たちと同じように聖霊を受けたのですから。』ペテロはコルネリウスたちに命じて、イエス・キリストの名によってバプテスマを受けさせた。それから、彼らはペテロに願って、何日か滞在してもらった。」

（使徒の働き10:44-48）

(7) イエス・キリストの再臨を信じて福音を宣べ伝えることです。

「『しかし、聖霊があなたがたの上に臨むとき、あなたがたは力を受けます。そして、エルサレム、ユダヤとサマリアの全土、さらに地の果てまで、わたしの証人となります。』こう言ってから、イエスは使徒たちが見ている間に上げられた。そして雲がイエスを包み、彼らの目には見えなくなった。イエスが上って行かれるとき、使徒たちは天を見つめていた。すると見よ、白い衣を着た二人の人が、彼らのそばに立っていた。そしてこう言った。『ガリラヤの人たち、どうして天を見上げて立っているのですか。あなたがたを離れて天に上げられたこのイエスは、天に上って行くのをあなたがたが見たのと同じ有様で、またおいでになります。』」

（使徒の働き1:8-11）

2. 聖霊によるバプテスマ（baptism in the Holy Spirit）

「聖霊によるバプテスマ」とは、キリストを信じる人々の集まりである初代教会に約束された聖霊が降臨した歴史的な出来事です。特に、バプテスマのヨハネも、イエス・キリストも、この「聖霊によるバプテスマ」について預言しました。この預言のとおりに、五旬節の日に、突然聖霊が天から降臨して、エルサレムに集まっていた神の民、一人ひとりの上に力強くとどまりました。約束された聖霊が降臨して集まっていた一人ひとりの上にとどまった出来事が「聖霊によるバプテスマ」（Baptism in the Holy Spirit）です。五旬節の日に起きたこの

「聖霊によるバプテスマ」は、預言の成就として一回限りの出来事です。繰り返される出来事ではありません。私たちは預言の成就であるこの聖霊によるバプテスマ（使徒の働き2:1-4）と、新生のとき与えられる聖霊によるバプテスマ（コリント人への手紙第一12:13）を区別する必要があります。福音書と使徒の働きとパウロ書簡を通してこの内容を調べる必要があります。

1) 福音書に書いてある聖霊によるバプテスマ

「私はあなたがたに、悔い改めのバプテスマを水で授けていますが、私の後に来られる方は私よりも力のある方です。私には、その方の履き物を脱がせて差し上げる資格もありません。その方は聖霊と火であなたがたにバプテスマを授けられます。」
　　　　　　　　　　　　　　　　　　　　　　　　　（マタイの福音書3:11）

「私はあなたがたに水でバプテスマを授けましたが、この方は聖霊によってバプテスマをお授けになります。」
　　　　　　　　　　　　　　　　　　　　　　　　　（マルコの福音書1:8）

「そこでヨハネは皆に向かって言った。『私は水であなたがたにバプテスマを授けています。しかし、私よりも力のある方が来られます。私はその方の履き物のひもを解く資格もありません。その方は聖霊と火で、あなたがたにバプテスマを授けられます。』」
　　　　　　　　　　　　　　　　　　　　　　　　　（ルカの福音書3:16）

「私自身もこの方を知りませんでした。しかし、水でバプテスマを授けるようにと私を遣わした方が、私に言われました。『御霊が、ある人の上に降って、その上にとどまるのをあなたが見たら、その人こそ、聖霊によってバプテスマを授ける者である。』」
　　　　　　　　　　　　　　　　　　　　　　　　　（ヨハネの福音書1:33）

「さて、祭りの終わりの大いなる日に、イエスは立ち上がり、大きな声で言われた。『だれでも渇いているなら、わたしのもとに来て飲みなさい。わたしを信じる者は、聖書が言っているとおり、その人の心の奥底から、生ける水の川が流れ出るようになります。』イエスは、ご自分を信じる者が受けることになる御霊について、こう言われたのである。イエスはまだ栄光を受けておられなかったので、御霊はまだ下っていなかったのである。」
　　　　　　　　　　　　　　　　　　　　　　　　　（ヨハネの福音書7:37-39）

マタイ、マルコ、ルカの福音書には、イエスが聖霊によるバプテスマを授け

ることが未来形で書かれています。ただ、ヨハネの福音書1:33では、イエスが聖霊によるバプテスマを授けることが現在分詞形、ヨハネの福音書7:39では未来形で書かれています。

2) 使徒の働きに書いてある聖霊によるバプテスマ

> 「使徒たちと一緒にいるとき、イエスは彼らにこう命じられた。『エルサレムを離れないで、わたしから聞いた父の約束を待ちなさい。ヨハネは水でバプテスマを授けましたが、あなたがたは間もなく、聖霊によるバプテスマを授けられるからです。』」 （使徒の働き1:4-5）

> 「私は主が、『ヨハネは水でバプテスマを授けたが、あなたがたは聖霊によるバプテスマを授けられる』と言われたことばを思い起こしました。」 （使徒の働き11:16、受動態）

使徒の働きでは、使徒たちとイエス・キリストを信じる人々すなわち教会が聖霊によるバプテスマを受けることが、未来形で書かれています。このように、預言された聖霊が五旬節の日に降臨し、イエスの約束を信じてエルサレムに集まっていた一人ひとりの上にとどまることによって預言が成就し、神の民は聖霊によるバプテスマを受けるようになりました。この聖霊の降臨は預言の成就です。キリストの誕生、十字架の死、復活、召天、再臨の出来事と同じ預言の成就であり、一回限りの出来事です。聖霊降臨の以前を旧約時代、聖霊降臨の以後を新約時代だと判断すれば、福音書と使徒の働きの聖霊によるバプテスマは、旧約時代から新約時代に移る過渡期のときにあった出来事でした。そのとき、弟子たちは聖霊によるバプテスマを受ける前に、すでにキリストを信じていました。

また、使徒の働き8、10、19章も、すでにイエスを信じていた人々が後になって聖霊を受け、聖霊の体験をしたことを教えています。このことを基準にして、新生が先、聖霊によるバプテスマは後であると断定することはできません。すなわち、過渡期に起きた出来事を今日そのまま適用するべきではないでしょう。今日、私たちの時代は、過渡期ではなく、全面的に新約時代です。新約時代にすべての信徒に適用される聖霊によるバプテスマは、コリント人への手紙

第一12:13に書いてある聖霊によるバプテスマだからです。

3) パウロの書簡に書いてある聖霊によるバプテスマ

> 「私たちはみな、ユダヤ人もギリシア人も、奴隷も自由人も、一つの御霊
> によってバプテスマを受けて、一つのからだとなりました。そして、みな
> 一つの御霊を飲んだのです。」　　　　（コリント人への手紙第一12:13、受動態）

　キリスト者の出発点は新生からです。私たちがイエス・キリストを自分の主、
神として受け入れ、信じるその瞬間が新しく生まれる新生のときであり、救わ
れるときであり、聖霊によるバプテスマを受けるときであり、聖霊がその人の
内に入るときであり、聖霊がその人の心に証印してくださるときでもあります。
なぜなら、聖霊によるのでなければ、だれも「イエスは主です」と告白するこ
とができないからです（コリント人への手紙第一12:3）。キリスト者に内住してい
る聖霊は、その人のうちで人格的に働いています。私たちがこの聖霊の働きに
従順すればするほど、聖霊の臨在、力、満たしを深く体験するようになります。
コリント人への手紙第一12:13は、使徒パウロを含め、コリント教会のすべて
の聖徒たち、すなわち、ユダヤ人も、ギリシア人も、奴隷、自由人も、例外な
しに、一つの御霊によってバプテスマを受けて（過去受動態）、すでに一つの
からだ（キリストの教会）となっていることを教えています。彼らが聖霊によ
るバプテスマを受けたことは、すなわち救い、新生の恵みを受けたことです。
彼らはこの恵みによって、キリストのからだである教会という共同体に入るよ
うになったのです。このように、福音書と使徒の働きに約束されている「聖霊
によるバプテスマ」（未来形）とは、バプテスマのヨハネが「水で授けたバプ
テスマ」と対比されて記録されています。この「聖霊によるバプテスマ」は、
五旬節の日（使徒の働き2章）、聖霊が教会に豊かに降臨することによって成就
しました。このような事実は、五旬節の聖霊の降臨（使徒の働き2章）によって
教会が聖霊によるバプテスマを受けたことを示しています。このときから教会
は、降臨された聖霊の働きによって、死人の中からよみがえられ、救いのみわ
ざを完成してくださったイエス・キリストを宣べ伝えるようになりました。こ
の聖霊降臨の出来事は、信徒の個人の救済の歴史（The personal salvation of the

believer）ではなく、漸進的な救済に属する（belongs to the gradual history of sal-vation）出来事です。五旬節の聖霊降臨の出来事は、信徒個人が信仰生活をしながら体験する新生、悔い改め、聖化のような種類ではなく、イエス・キリストの誕生、十字架の死、復活の出来事と同じように一回限りの出来事です。しかし、この出来事の影響力は永遠に続きます。

　使徒の働きは、福音がサマリアの人々にも、異邦人にも、エペソの人々にも伝えられたとき、彼らが受けたことは、「聖霊によるバプテスマ」ではなく、聖霊を受けたことを教えています。

　　「エルサレムにいる使徒たちは、サマリアの人々が神のことばを受け入れたと聞いて、ペテロとヨハネを彼らのところに遣わした。二人は下って行って、彼らが聖霊を受けるように祈った。彼らは主イエスの名によってバプテスマを受けていただけで、聖霊はまだ、彼らのうちのだれにも下っていなかったからであった。そこで二人が彼らの上に手を置くと、彼らは聖霊を受けた。」　　　　　　　　　　　　（使徒の働き8:14-17、サマリアの人々）

　　「ペテロがなおもこれらのことを話し続けていると、みことばを聞いていたすべての人々に、聖霊が下った。割礼を受けている信者で、ペテロと一緒に来た人たちは、異邦人にも聖霊の賜物が注がれたことに驚いた。彼らが異言を語り、神を賛美するのを聞いたからである。するとペテロは言った。『この人たちが水でバプテスマを受けるのを、だれが妨げることができるでしょうか。私たちと同じように聖霊を受けたのですから。』ペテロはコルネリウスたちに命じて、イエス・キリストの名によってバプテスマを受けさせた。それから、彼らはペテロに願って、何日か滞在してもらった。」（使徒の働き10:44-48、カイサリアの百人隊長であるコルネリウスの家に集まって福音を聞いている人々）

　　「『そこで、私が話し始めると、聖霊が初めに私たちの上に下ったのと同じように、彼らの上に下ったのです。私は主が、「ヨハネは水でバプテスマを授けたが、あなたがたは聖霊によるバプテスマを授けられる」と言われたことばを思い起こしました。ですから、神が、私たちが主イエス・キリストを信じたときに私たちに下さったのと同じ賜物を、彼らにもお授け

になったのなら、どうして私などが、神がなさることを妨げることができるでしょうか。』人々はこれを聞いて沈黙した。そして『それでは神は、いのちに至る悔い改めを異邦人にもお与えになったのだ』と言って、神をほめたたえた。」（使徒の働き11:15-18、ペテロの説明、15節の「初めに」とは五旬節の聖霊降臨の出来事）

「そこで使徒たちと長老たちは、この問題について協議するために集まった。多くの論争があった後、ペテロが立って彼らに言った。『兄弟たち。ご存じのとおり、神は以前にあなたがたの中から私をお選びになり、異邦人が私の口から福音のことばを聞いて信じるようにされました。そして、人の心をご存じである神は、私たちに与えられたのと同じように、異邦人にも聖霊を与えて、彼らのために証しをされました。私たちと彼らの間に何の差別もつけず、彼らの心を信仰によってきよめてくださったのです。そうであるなら、なぜ今あなたがたは、私たちの先祖たちも私たちも負いきれなかったくびきを、あの弟子たちの首に掛けて、神を試みるのですか。私たちは、主イエスの恵みによって救われると信じていますが、あの人たちも同じなのです。』」　　　　（使徒の働き15:6-11、福音を聞いて信じた異邦人たち）

「アポロがコリントにいたときのことであった。パウロは内陸の地方を通ってエペソに下り、何人かの弟子たちに出会った。彼らに『信じたとき、聖霊を受けましたか』と尋ねると、彼らは『いいえ、聖霊がおられるのかどうか、聞いたこともありません』と答えた。『それでは、どのようなバプテスマを受けたのですか』と尋ねると、彼らは『ヨハネのバプテスマです』と答えた。そこでパウロは言った。『ヨハネは、自分の後に来られる方、すなわちイエスを信じるように人々に告げ、悔い改めのバプテスマを授けたのです。』これを聞いた彼らは、主イエスの名によってバプテスマを受けた。パウロが彼らの上に手を置くと、聖霊が彼らに臨み、彼らは異言を語ったり、預言したりした。その人たちは、全員で十二人ほどであった。」　　　　　　　（使徒の働き19:1-7、イエスを信じるエペソの人々）

五旬節の日に約束された聖霊のバプテスマを受けた初代教会は、永遠に続く聖霊の影響力を覚え、聖霊の品性と活動、助けと導きを切に求めながら使命を

果たしました。初代教会のように今日の主の教会も、助け主である聖霊の臨在と栄光と品性と力を切に求めながら、みことばを教え、福音を宣べ伝え、苦しんでいる人々を癒やす尊い使命を果たすことが大切です。

結　論

　私たちがイエス・キリストを自分自身の救い主、神として受け入れ、信じるとき（新生）、その人の内に聖霊が入り、永遠に離れないで一緒に住んでくださいます（聖霊の内住、聖霊の証印）。聖霊がイエス・キリストを信じる人の内に入る新生のときと聖霊によるバプテスマを受けるときは同じです。私たちは、新生と聖霊のバプテスマの恵みに安住してはいけません。私たちも聖霊に満たされて尊く用いられた初代教会のように、聖霊の臨在と栄光、力、励まし、平安と導きの現れである聖霊の満たしを頂き、人格と霊性を成熟させていただき、言葉と生き方を通してキリストを証しし、福音を全世界の人々に宣べ伝える使命があります。

　　「こうして、教会はユダヤ、ガリラヤ、サマリアの全地にわたり築き上げられて平安を得た。主を恐れ、聖霊に励まされて前進し続け、信者の数が増えていった。」
　　　　　　　　　　　　　　　　　　　　　　　　（使徒の働き9:31）

第 5 課　ペンテコステ（聖霊降臨）

序　論

　ユダヤ人の三代祭りの一つである五旬節（刈り入れの祭り、七週の祭り）は、過越の祭りから50日目の日です。この祭りは、穀物の収穫の恵みを覚え神に感謝する感謝祭です。この五旬節の日に旧約聖書の預言と、バプテスマのヨハネの預言とイエス・キリストの約束のとおりに、助け主である聖霊が天から主の民の集まりである教会に降臨しました。私たちは、この聖霊降臨の意味を正しく理解する必要があります。そのとき、聖霊に満たされて勇敢に主と教会と福音に仕えるようになります。キリストの証人となり、遣わされるところで福音を証ししながら生きるようになります。

1. 聖霊降臨と預言と約束の成就

　五旬節の聖霊降臨は、イエス・キリストの召天後、10日目に起きた重要な出来事です。この日聖霊が降臨することによって、預言者たちの預言とキリストの約束が成就しました。

1) ヨエルの預言

> 「その後、わたしはすべての人にわたしの霊を注ぐ。あなたがたの息子や娘は預言し、老人は夢を見、青年は幻を見る。その日わたしは、男奴隷にも女奴隷にも、わたしの霊を注ぐ。わたしは天と地に、しるしを現れさせる。それは血と火と煙の柱。**主**の大いなる恐るべき日が来る前に、太陽は闇に、月は血に変わる。しかし、**主**の御名を呼び求める者はみな救われる。**主**が言ったように、シオンの山、エルサレムには逃れの者がいるからだ。生き残った者たちのうちに、**主**が呼び出す者がいる。」　（ヨエル書2:28-32）

2) イザヤの預言

> 「しかし、ついに、いと高き所から私たちに霊が注がれ、荒野が果樹園となり、果樹園が森と見なされるようになる。」　（イザヤ書32:15）

3) エゼキエルの預言

「わたしの霊をあなたがたのうちに授けて、わたしの掟に従って歩み、わたしの定めを守り行うようにする。」 （エゼキエル書36:27）

4) バプテスマのヨハネの預言

「私はあなたがたに、悔い改めのバプテスマを水で授けていますが、私の後に来られる方は私よりも力のある方です。私には、その方の履き物を脱がせて差し上げる資格もありません。その方は聖霊と火であなたがたにバプテスマを授けられます。」 （マタイの福音書3:11）

「私はあなたがたに水でバプテスマを授けましたが、この方は聖霊によってバプテスマをお授けになります。」 （マルコの福音書1:8）

「そこでヨハネは皆に向かって言った。『私は水であなたがたにバプテスマを授けています。しかし、私よりも力のある方が来られます。私はその方の履き物のひもを解く資格もありません。その方は聖霊と火で、あなたがたにバプテスマを授けられます。』」 （ルカの福音書3:16）

「私自身もこの方を知りませんでした。しかし、水でバプテスマを授けるようにと私を遣わした方が、私に言われました。『御霊が、ある人の上に降って、その上にとどまるのをあなたが見たら、その人こそ、聖霊によってバプテスマを授ける者である。』私はそれを見ました。それで、この方が神の子であると証しをしているのです。」 （ヨハネの福音書1:33-34）

5) イエス・キリストの約束

「さて、祭りの終わりの大いなる日に、イエスは立ち上がり、大きな声で言われた。『だれでも渇いているなら、わたしのもとに来て飲みなさい。わたしを信じる者は、聖書が言っているとおり、その人の心の奥底から、生ける水の川が流れ出るようになります。』イエスは、ご自分を信じる者が受けることになる御霊について、こう言われたのである。イエスはまだ栄光を受けておられなかったので、御霊はまだ下っていなかったのである。」 （ヨハネの福音書7:37-39）

「そしてわたしが父にお願いすると、父はもう一人の助け主をお与えくだ
さり、その助け主がいつまでも、あなたがたとともにいるようにしてくだ
さいます。」　　　　　　　　　　　　　　　　　　（ヨハネの福音書14:16）

「しかし、助け主、すなわち、父がわたしの名によってお遣わしになる聖
霊は、あなたがたにすべてのことを教え、わたしがあなたがたに話したす
べてのことを思い起こさせてくださいます。」　　　（ヨハネの福音書14:26）

「わたしが父のもとから遣わす助け主、すなわち、父から出る真理の御霊
が来るとき、その方がわたしについて証ししてくださいます。」

　　　　　　　　　　　　　　　　　　　　　　　　（ヨハネの福音書15:26）

「しかし、わたしは真実を言います。わたしが去って行くことは、あなた
がたの益になるのです。去って行かなければ、あなたがたのところに助け
主はおいでになりません。でも、行けば、わたしはあなたがたのところに
助け主を遣わします。」　　　　　　　　　　　　　（ヨハネの福音書16:7）

「しかし、その方、すなわち真理の御霊が来ると、あなたがたをすべての
真理に導いてくださいます。御霊は自分から語るのではなく、聞いたこと
をすべて語り、これから起こることをあなたがたに伝えてくださいます。
御霊はわたしの栄光を現されます。わたしのものを受けて、あなたがたに
伝えてくださるのです。」　　　　　　　　　　（ヨハネの福音書16:13-14）

「見よ。わたしは、わたしの父が約束されたものをあなたがたに送ります。
あなたがたは、いと高き所から力を着せられるまでは、都にとどまってい
なさい。」　　　　　　　　　　　　　　　　　　　（ルカの福音書24:49）

「使徒たちと一緒にいるとき、イエスは彼らにこう命じられた。『エルサ
レムを離れないで、わたしから聞いた父の約束を待ちなさい。ヨハネは水
でバプテスマを授けましたが、あなたがたは間もなく、聖霊によるバプテ
スマを授けられるからです。』」　　　　　　　　　　（使徒の働き1:4-5）

「ですから、神の右に上げられたイエスが、約束された聖霊を御父から受
けて、今あなたがたが目にし、耳にしている聖霊を注いでくださったので
す。」　　　　　　　　　　　　　　　　　　　　　　（使徒の働き2:33）

　五旬節に天から助け主である聖霊が主の民、主の教会に降臨したことは、突

然の出来事ではありません。預言者ヨエル（前835-796年ごろ活躍）も、イザヤ（前700年ごろ活躍）も、バプテスマのヨハネも聖霊の降臨について預言し、イエス・キリスト聖霊の降臨について約束しました。このように、聖霊の降臨は突然の出来事ではなく、預言と約束の成就です。預言は預言者たちが神から頂いたことばをそのとおりに人々に伝えることです。預言が成就することは、預言のことばを与えてくださった神と、その預言のことばが真実であるしるしです。イエス・キリストの約束が成就することは、イエス・キリストと、その約束が真実であるしるしです。聖霊降臨は、旧約聖書と福音書の預言の成就として救済史の流れの中にある重要な出来事です。聖霊の降臨は、救い主であるイエスの誕生、死、復活、昇天の出来事と同じように預言の成就であり、一回限りの出来事です。続けて繰り返されるものではありません。しかし、その聖霊の働きと影響力は持続的であり永続的です。

2. 聖霊降臨と教会の誕生

　聖霊の降臨によって教会が誕生しました。もちろん、旧約時代にも神の民の集会はありました（参考：使徒の働き7:38）。また、福音書にも「教会」という単語はあります（参考：マタイの福音書16:18、18:17）。しかし、預言と約束の成就である聖霊の働きによって福音を世界に宣べ伝える教会は、五旬節に降臨された聖霊によって誕生しました。聖霊の力によって福音を宣べ伝える教会、キリストの働きをキリストの代わりに全うする教会は、このペンテコステの日に生まれたのです。同時に聖霊の力によって福音を宣べ伝える新約時代、教会時代に変わりました。

　　「『……ですから、イスラエルの全家は、このことをはっきりと知らなければなりません。神が今や主ともキリストともされたこのイエスを、あなたがたは十字架につけたのです。』人々はこれを聞いて心を刺され、ペテロとほかの使徒たちに、『兄弟たち、私たちはどうしたらよいでしょうか』と言った。そこで、ペテロは彼らに言った。『それぞれ罪を赦していただくために、悔い改めて、イエス・キリストの名によってバプテスマを

受けなさい。そうすれば、賜物として聖霊を受けます。この約束は、あなたがたに、あなたがたの子どもたちに、そして遠くにいるすべての人々に、すなわち、私たちの神である主が召される人ならだれにでも、与えられているのです。』ペテロは、ほかにも多くのことばをもって証しをし、『この曲がった時代から救われなさい』と言って、彼らに勧めた。彼のことばを受け入れた人々はバプテスマを受けた。その日、三千人ほどが仲間に加えられた。彼らはいつも、使徒たちの教えを守り、交わりを持ち、パンを裂き、祈りをしていた。」
（使徒の働き2:36-42）

3. 聖霊降臨と聖霊によるバプテスマ

　使徒たちと主の民がイエスの命令に従い、同じところに集まり、みことばを聞きながら祈りに専念していた五旬節の日に、天から突然聖霊が降臨しました。そのとき、聖霊が集まっていた一人ひとりの上にとどまり、彼らは預言者たちとバプテスマのヨハネとイエスが預言した「聖霊によるバプテスマと火によるバプテスマ」を受けるようになりました。この二つのバプテスマは、別のものではなく同じものです。聖霊によるバプテスマの象徴が火のバプテスマです。聖霊の象徴が火である理由は、つまり聖霊の火がある人にとってはさばきの火、ある人には救いの火であるからです。また、聖霊の火は、神の民の礼拝を喜んで神が受け入れるしるしであり、一方で、神が喜ばない良くないものを溶かす精錬の火であることを象徴しているのです。

　この聖霊降臨の結果、弟子たちは聖霊の満たしと臨在と力を具体的に体験するようになりました。聖霊の働きによって新約時代の教会の主役となって、福音を宣べ伝えるようになりました。特に、弟子たちは、五旬節の日に自分たちの上に臨まれた聖霊を具体的に体験し、キリストの証人として新たに出発するようになりました。

　「私はあなたがたに、悔い改めのバプテスマを水で授けていますが、私の後に来られる方は私よりも力のある方です。私には、その方の履き物を脱がせて差し上げる資格もありません。その方は聖霊と火であなたがたにバ

プテスマを授けられます。」　　　　　　　　　　　　（マタイの福音書3:11）

「ヨハネは水でバプテスマを授けましたが、あなたがたは間もなく、聖霊によるバプテスマを授けられるからです。」　　　　　　　　　　（使徒の働き1:5）

「五旬節の日になって、皆が同じ場所に集まっていた。すると天から突然、激しい風が吹いて来たような響きが起こり、彼らが座っていた家全体に響き渡った。また、炎のような舌が分かれて現れ、一人ひとりの上にとどまった。すると皆が聖霊に満たされ、御霊が語らせるままに、他国のいろいろなことばで話し始めた。」　　　　　　　　　　（使徒の働き2:1-4）

「そこで、私が話し始めると、聖霊が初めに私たちの上に下ったのと同じように、彼らの上に下ったのです。」

　　　　　　　（使徒の働き11:15、初めに：五旬節の出来事、新しい出発）

「私は主が、『ヨハネは水でバプテスマを授けたが、あなたがたは聖霊によるバプテスマを授けられる』と言われたことばを思い起こしました。ですから、神が、私たちが主イエス・キリストを信じたときに私たちに下さったのと同じ賜物を、彼らにもお授けになったのなら、どうして私などが、神がなさることを妨げることができるでしょうか。」（使徒の働き11:16-17、キリストを信じたときに：五旬節の出来事、信仰の行為、決定的な献身と従順のための新しい出発）

「そして、人の心をご存じである神は、私たちに与えられたのと同じように、異邦人にも聖霊を与えて、彼らのために証しをされました。」（使徒の働き15:8、私たちに与えられたのと同じように：五旬節の出来事、新しい出発）

4. 聖霊降臨と福音宣教

　聖霊降臨の出来事を通して、力ある福音宣教が始まりました。この事実は、使徒の働きに具体的に書いてあります。

　　「しかし、聖霊があなたがたの上に臨むとき、あなたがたは力を受けます。そして、エルサレム、ユダヤとサマリアの全土、さらに地の果てまで、わたしの証人となります。」　　　　　　　　　　　（使徒の働き1:8）

このみことばは、聖霊が主の民の上に臨むとき、二つの結果がついてくることを教えています。それは力を受けること、キリストの証人となることです。五旬節の聖霊降臨の結果は、使徒たちが力を受け、キリストの証人となったことです。これが使徒の働きの主題です。約束のとおり五旬節の日に聖霊が降臨しました（使徒の働き2:1-3）。使徒たちは聖霊に満たされました（使徒の働き2:4）。そのとき、使徒たちは、聖霊を受け、聖霊に満たされましたが、その出来事がほぼ同時に起こりました。聖霊によるバプテスマを受けることと聖霊に満たされることは、概念上には区別されます。この日に使徒たちが受けたことは、使徒の働き1:5のみことばに照らして見れば、「聖霊によるバプテスマ」であることが明確です。すなわち、聖霊の満たしとは、聖霊によるバプテスマの結果として起こった出来事です。聖霊によるバプテスマは一回限りの出来事ですが、聖霊の満たしは続けて繰り返される出来事です（参考：使徒の働き4:8、31、7:55、13:9）。使徒たちが、聖霊に満たされ、聖霊の力によって忠実に福音を宣べ伝えることによって、使徒の働き1:8のみことばが成就し、神の福音は、エルサレム、ユダヤ、サマリア、地の果てまで伝えられました。このように、聖霊降臨によって誕生した教会は、聖霊の力によって成長、拡張していきました。

　　「彼のことばを受け入れた人々はバプテスマを受けた。その日、三千人ほどが仲間に加えられた。」　　　　　　　　　　　　　　　　　　（使徒の働き2:41）
　　「神を賛美し、民全体から好意を持たれていた。主は毎日、救われる人々を加えて一つにしてくださった。」　　　　　　　　　　　　　（使徒の働き2:47）
　　「しかし、話を聞いた人々のうち大勢が信じ、男の数が五千人ほどになった。」　　　　　　　　　　　　　　　　　　　　　　　　　（使徒の働き4:4）
　　「そのころ、弟子の数が増えるにつれて、ギリシア語を使うユダヤ人たちから、ヘブル語を使うユダヤ人たちに対して苦情が出た。彼らのうちのやもめたちが、毎日の配給においてなおざりにされていたからである。」
　　　　　　　　　　　　　　　　　　　　　　　　　　　　　　（使徒の働き6:1）
　　「こうして、神のことばはますます広まっていき、エルサレムで弟子の数が非常に増えていった。また、祭司たちが大勢、次々と信仰に入った。」

（使徒の働き6:7）

「こうして、教会はユダヤ、ガリラヤ、サマリアの全地にわたり築き上げられて平安を得た。主を恐れ、聖霊に励まされて前進し続け、信者の数が増えていった。」

（使徒の働き9:31）

「イエスは、ご自分と一緒にガリラヤからエルサレムに上った人たちに、何日にもわたって現れました。その人たちが今、この民に対してイエスの証人となっています。」

（使徒の働き13:31）

「こうして諸教会は信仰を強められ、人数も日ごとに増えていった。」

（使徒の働き16:5）

5. 聖霊降臨と聖霊の内住

　神の霊である聖霊は、天地創造のときから働きました。しかし、この聖霊が主の民の内に入り、内住することは、イエス・キリストが十字架上で死んでくださり、三日目に死人の中からよみがえられ、天に昇り、十日目の日である五旬節に助け主である約束の聖霊を送ってくださったときからです。この聖霊が主の民の内に入り一緒に住んでくださることは、主の民に対する愛のしるしです。聖霊の愛と内住の恵みを心の目が開かれて悟るとき、信仰生活の迷いがなくなり、聖霊と共に生きる霊的な喜びが大きくなります。

　　「『わたしを信じる者は、聖書が言っているとおり、その人の心の奥底から、生ける水の川が流れ出るようになります。』イエスは、ご自分を信じる者が受けることになる御霊について、こう言われたのである。イエスはまだ栄光を受けておられなかったので、御霊はまだ下っていなかったのである。」

（ヨハネの福音書7:38-39、約束の成就）

　　「そしてわたしが父にお願いすると、父はもう一人の助け主をお与えくださり、その助け主がいつまでも、あなたがたとともにいるようにしてくださいます。この方は真理の御霊です。世はこの方を見ることも知ることもないので、受け入れることができません。あなたがたは、この方を知っています。この方はあなたがたとともにおられ、また、あなたがたのうちに

おられるようになるのです。」 　　　　　　（ヨハネの福音書14:16-17、約束の成就）

「あなたがたは、自分が神の宮であり、神の御霊が自分のうちに住んでおられることを知らないのですか。」 　　　　　　　　　（コリント人への手紙第一3:16）

「あなたがたは知らないのですか。あなたがたのからだは、あなたがたのうちにおられる、神から受けた聖霊の宮であり、あなたがたはもはや自分自身のものではありません。」 　　　　　　　　　　（コリント人への手紙第一6:19）

「この希望は失望に終わることがありません。なぜなら、私たちに与えられた聖霊によって、神の愛が私たちの心に注がれているからです。」

　　　　　　　　　　　　　　　　　　　　　　　　　（ローマ人への手紙5:5）

「しかし、もし神の御霊があなたがたのうちに住んでおられるなら、あなたがたは肉のうちにではなく、御霊のうちにいるのです。もし、キリストの御霊を持っていない人がいれば、その人はキリストのものではありません。」 　　　　　　　　　　　　　　　　　　　　　（ローマ人への手紙8:9）

「あなたがたは、人を再び恐怖に陥れる、奴隷の霊を受けたのではなく、子とする御霊を受けたのです。この御霊によって、私たちは『アバ、父』と叫びます。」 　　　　　　　　　　　　　　　　　　　（ローマ人への手紙8:15）

「神はまた、私たちに証印を押し、保証として御霊を私たちの心に与えてくださいました。」 　　　　　　　　　　　　　（コリント人への手紙第二1:22）

「そうなるのにふさわしく私たちを整えてくださったのは、神です。神はその保証として御霊を下さいました。」 　　　（コリント人への手紙第二5:5）

「神の命令を守る者は神のうちにとどまり、神もまた、その人のうちにとどまります。神が私たちのうちにとどまっておられることは、神が私たちに与えてくださった御霊によって分かります。」 　　　（ヨハネの手紙第一3:24）

「神が私たちに御霊を与えてくださったことによって、私たちが神のうちにとどまり、神も私たちのうちにとどまっておられることが分かります。」 　　　　　　　　　　　　　　　　　　　　　（ヨハネの手紙第一4:13）

6. 聖霊降臨の目的

　私たちは聖霊降臨の目的をイエス・キリストの約束と教えを通して知ること

ができます。

1) 主の民を助け、彼らと一緒に住むためです。

> 「そしてわたしが父にお願いすると、父はもう一人の助け主をお与えくだ
> さり、その助け主がいつまでも、あなたがたとともにいるようにしてくだ
> さいます。」　　　　　　　　　　　　　　　　　（ヨハネの福音書14:16）

> 「この方は真理の御霊です。世はこの方を見ることも知ることもないので、
> 受け入れることができません。あなたがたは、この方を知っています。こ
> の方はあなたがたとともにおられ、また、あなたがたのうちにおられるよ
> うになるのです。」　　　　　　　　　　　　　　（ヨハネの福音書14:17）

2) キリストの教えを思い起こさせるためです。

> 「しかし、助け主、すなわち、父がわたしの名によってお遣わしになる聖
> 霊は、あなたがたにすべてのことを教え、わたしがあなたがたに話したす
> べてのことを思い起こさせてくださいます。」　　（ヨハネの福音書14:26）

3) キリストについて証しするためです。

> 「わたしが父のもとから遣わす助け主、すなわち、父から出る真理の御霊
> が来るとき、その方がわたしについて証ししてくださいます。」

> 　　　　　　　　　　　　　　　　　　　　　　　（ヨハネの福音書15:26）

4) 主の民を真理に導く、これから起こることを伝えるためです。

> 「しかし、その方、すなわち真理の御霊が来ると、あなたがたをすべての
> 真理に導いてくださいます。御霊は自分から語るのではなく、聞いたこと
> をすべて語り、これから起こることをあなたがたに伝えてくださいま
> す。」　　　　　　　　　　　　　　　　　　　　（ヨハネの福音書16:13）

5) キリストの栄光を現すためです。

> 「御霊はわたしの栄光を現されます。わたしのものを受けて、あなたがた
> に伝えてくださるのです。」　　　　　　　　　　（ヨハネの福音書16:14）

91

6) 主の民にキリストを宣べ伝える力を与えるためです。

> 「しかし、聖霊があなたがたの上に臨むとき、あなたがたは力を受けます。
> そして、エルサレム、ユダヤとサマリアの全土、さらに地の果てまで、わ
> たしの証人となります。」 (使徒の働き1:8)

7) 預言の成就（聖霊によるバプテスマ）のためです。

> 「ヨハネは水でバプテスマを授けましたが、あなたがたは間もなく、聖霊
> によるバプテスマを授けられるからです。」 (使徒の働き1:5)
> 「また、炎のような舌が分かれて現れ、一人ひとりの上にとどまった。」
> (使徒の働き2:3)

7. 聖霊降臨を待ち望んでいた初代教会の姿勢

1) イエスの命令を守りました。

> 「使徒たちと一緒にいるとき、イエスは彼らにこう命じられた。『エルサ
> レムを離れないで、わたしから聞いた父の約束を待ちなさい。』」
> (使徒の働き1:4)
> 「そこで、使徒たちはオリーブという山からエルサレムに帰った。この山
> はエルサレムに近く、安息日に歩くことが許される道のりのところにあっ
> た。」 (使徒の働き1:12)

2) イエスの約束を信じました。

> 「ヨハネは水でバプテスマを授けましたが、あなたがたは間もなく、聖霊
> によるバプテスマを授けられるからです。」
> (使徒の働き1:5、聖霊によるバプテスマ)
> 「しかし、聖霊があなたがたの上に臨むとき、あなたがたは力を受けます。
> そして、エルサレム、ユダヤとサマリアの全土、さらに地の果てまで、わ
> たしの証人となります。」 (使徒の働き1:8、キリストの証人)

「そしてこう言った。『ガリラヤの人たち、どうして天を見上げて立っているのですか。あなたがたを離れて天に上げられたこのイエスは、天に上って行くのをあなたがたが見たのと同じ有様で、またおいでになります。』」

（使徒の働き1:11、キリストの再臨）

3) みな心を一つにして祈りました。

「彼らは町に入ると、泊まっている屋上の部屋に上がった。この人たちは、ペテロとヨハネとヤコブとアンデレ、ピリポとトマス、バルトロマイとマタイ、アルパヨの子ヤコブと熱心党員シモンとヤコブの子ユダであった。彼らはみな、女たちとイエスの母マリア、およびイエスの兄弟たちとともに、いつも心を一つにして祈っていた。」

（使徒の働き1:13-14）

4) みことばの解き明かしを聞きました。

「そのころ、百二十人ほどの人々が一つになって集まっていたが、ペテロがこれらの兄弟たちの中に立って、こう言った。『兄弟たち。イエスを捕らえた者たちを手引きしたユダについては、聖霊がダビデの口を通して前もって語った聖書のことばが、成就しなければなりませんでした。』」

（使徒の働き1:15-16）

5) イエスの復活の証人を選びました。（宣教のために働き人を備える）

「そこで彼らは、バルサバと呼ばれ、別名をユストというヨセフと、マッティアの二人を立てた。そしてこう祈った。『すべての人の心をご存じである主よ。この二人のうち、あなたがお選びになった一人をお示しください。ユダが自分の場所へ行くために離れてしまった、この奉仕の場、使徒職に就くためです。』そして、二人のためにくじを引くと、くじはマッティアに当たったので、彼が十一人の使徒たちの仲間に加えられた。」

（使徒の働き1:23-26）

8. 聖霊のバプテスマの現れ

イエス・キリストが約束した聖霊によるバプテスマ（使徒の働き1:5）が、五旬節の日に聖霊が天から降臨することによって成就しました。使徒の働き2章は、この聖霊のバプテスマの現れについて具体的に教えています。

1) 使徒たちと主の民が聖霊に満たされました。

「すると皆が聖霊に満たされ、御霊が語らせるままに、他国のいろいろなことばで話し始めた。」 （使徒の働き2:4）

2) 福音宣教のために他国のことばを語る賜物が使徒たちに与えられました。

「すると皆が聖霊に満たされ、御霊が語らせるままに、他国のいろいろなことばで話し始めた。」 （使徒の働き2:4）

「それなのに、私たちそれぞれが生まれた国のことばで話を聞くとは、いったいどうしたことか。」 （使徒の働き2:8）

3) 使徒たちは人を恐れないで大胆にみことばを語るようになりました。

「ペテロは十一人とともに立って、声を張り上げ、人々に語りかけた。『ユダヤの皆さん、ならびにエルサレムに住むすべての皆さん、あなたがたにこのことを知っていただきたい。私のことばに耳を傾けていただきたい。』」 （使徒の働き2:14）

「そこで、ペテロは彼らに言った。『それぞれ罪を赦していただくために、悔い改めて、イエス・キリストの名によってバプテスマを受けなさい。そうすれば、賜物として聖霊を受けます。この約束は、あなたがたに、あなたがたの子どもたちに、そして遠くにいるすべての人々に、すなわち、私たちの神である主が召される人ならだれにでも、与えられているのです。』ペテロは、ほかにも多くのことばをもって証しをし、『この曲がった時代から救われなさい』と言って、彼らに勧めた。」 （使徒の働き2:38-40）

4) イエス・キリストの証人となりました。

　　「しかし、聖霊があなたがたの上に臨むとき、あなたがたは力を受けます。
　　そして、エルサレム、ユダヤとサマリアの全土、さらに地の果てまで、わ
　　たしの証人となります。」　　　　　　　　　　　　　　　　（使徒の働き1:8）

　　「このイエスを、神はよみがえらせました。私たちはみな、そのことの証
　　人です。」　　　　　　　　　　　　　　　　　　　　　　（使徒の働き2:32）

　　「いのちの君を殺したのです。しかし、神はこのイエスを死者の中からよ
　　みがえらせました。私たちはそのことの証人です。」　　　（使徒の働き3:15）

5) 聖霊の力によって福音を伝えました。

　　「ですから、神の右に上げられたイエスが、約束された聖霊を御父から受
　　けて、今あなたがたが目にし、耳にしている聖霊を注いでくださったので
　　す。ダビデが天に上ったのではありません。彼自身こう言っています。
　　『主は、私の主に言われた。あなたは、わたしの右の座に着いていなさい。
　　わたしがあなたの敵をあなたの足台とするまで。』ですから、イスラエル
　　の全家は、このことをはっきりと知らなければなりません。神が今や主と
　　もキリストともされたこのイエスを、あなたがたは十字架につけたのです。」　　　　　　　　　　　　　　　　　　　　　　　　（使徒の働き2:33-36）

9. 聖霊に満たされていた初代エルサレム教会の姿

　聖霊に満たされていた初代教会の姿は、すべての時代のすべての教会が倣う
べき教会の本当の姿です。この姿が使徒の働き2:41-47に具体的に書いてあり
ます。

1) 福音のことばを受け入れる人々が起こされました。

　　「彼のことばを受け入れた人々はバプテスマを受けた。その日、三千人ほ
　　どが仲間に加えられた。」　　　　　　　　　　　　　　　（使徒の働き2:41）

　　「神を賛美し、民全体から好意を持たれていた。主は毎日、救われる人々

を加えて一つにしてくださった。」 （使徒の働き2:47）

2) みことばを教える喜びと学ぶ喜びがありました。

「彼らはいつも、使徒たちの教えを守り、交わりを持ち、パンを裂き、祈りをしていた。」 （使徒の働き2:42）

3) 愛の交わりがありました。

「彼らはいつも、使徒たちの教えを守り、交わりを持ち、パンを裂き、祈りをしていた。」 （使徒の働き2:42）

「そして、毎日心を一つにして宮に集まり、家々でパンを裂き、喜びと真心をもって食事をともにし……」 （使徒の働き2:46）

4) 共に祈りました。

「彼らはみな、女たちとイエスの母マリア、およびイエスの兄弟たちとともに、いつも心を一つにして祈っていた。」 （使徒の働き1:14）

「彼らはいつも、使徒たちの教えを守り、交わりを持ち、パンを裂き、祈りをしていた。」 （使徒の働き2:42）

5) 不思議としるしによって人々に神に対する恐れが生じるようになりました。

「すべての人に恐れが生じ、使徒たちによって多くの不思議としるしが行われていた。」 （使徒の働き2:43）

6) 物を共有し、必要に応じて分配しました。

「信者となった人々はみな一つになって、一切の物を共有し、財産や所有物を売っては、それぞれの必要に応じて、皆に分配していた。」

（使徒の働き2:44-45）

7) 食事の交わりがありました。

「彼らはいつも、使徒たちの教えを守り、交わりを持ち、パンを裂き、祈

りをしていた。」 (使徒の働き2:42)

「そして、毎日心を一つにして宮に集まり、家々でパンを裂き、喜びと真
心をもって食事をともにし……」 (使徒の働き2:46)

8) 心を一つにして宮に集まりました。

「そして、毎日心を一つにして宮に集まり、家々でパンを裂き、喜びと真
心をもって食事をともにし……」 (使徒の働き2:46)

9) 神を賛美しました。

「神を賛美し、民全体から好意を持たれていた。主は毎日、救われる人々
を加えて一つにしてくださった。」 (使徒の働き2:47)

10) 民全体から好意を持たれました。

「神を賛美し、民全体から好意を持たれていた。主は毎日、救われる人々
を加えて一つにしてくださった。」 (使徒の働き2:47)

結　　論

　聖霊は、約束のとおりに、地の果てまで福音を宣べ伝え、あらゆる国の人々
をキリストの弟子とするために、主の教会である使徒たちと主の民の上に降臨
しました。主の教会は、この聖霊の品格と力をしっかり信じて、教会に委ねら
れている様々な使命を果たすべきです。そのためには何よりも、私たちの内に
住みながら人格的に働いている聖霊に満たされることが大事です。私たちは、
この聖霊の働きとみことばに従えば従うほど、聖霊に満たされるようになりま
す。聖霊の満たしの恵みがなければ、教会の使命を忠実に果たすことが困難に
なります。私たちは、聖霊のバプテスマを受けたことだけで満足してはいけま
せん。使徒たちと初代エルサレム教会の聖徒たちのように、聖霊に満たされ、
続けて聖霊の満たしを求め、聖霊によって歩み、聖霊の実を結びながらキリス
トの証人として生きることが大切です。五旬節に降臨した聖霊の影響力と効果
は変わりがありません。

「『主よ。今、彼らの脅かしをご覧になって、しもべたちにあなたのみことばを大胆に語らせてください。また、御手を伸ばし、あなたの聖なるしもベイエスの名によって、癒やしとしるしと不思議を行わせてください。』彼らが祈り終えると、集まっていた場所が揺れ動き、一同は聖霊に満たされ、神のことばを大胆に語り出した。」　　　　　　（使徒の働き4:29-31）

第6課　聖霊の賜物

序　　論

　使徒パウロは、コリント教会に、「さて、兄弟たち。御霊の賜物（spiritual gifts）については、私はあなたがたに知らずにいてほしくありません」（コリント人への手紙第一12:1）と明確に語りました。この教えのとおりに、キリスト者一人ひとりが、聖霊の賜物について正しく理解し、その賜物を神の栄光と教会の徳のために、尊く用いる必要があります。そのとき、その賜物が主の教会の成熟と福音宣教のために用いられ、教会の中に霊的喜びが満ちあふれるようになります。賜物の意味は贈り物（gifts）です。御霊の賜物とは、三位一体の神がご自分の教会のために、キリスト者一人ひとりにそのみこころのままに、分け与える贈り物（gifts）です。

1. 聖霊の賜物を与えてくださる方

　聖霊の賜物は、人間が造るものではなく、三位一体の神から与えられる贈り物、恵みです。

> 「神は教会の中に、第一に使徒たち、第二に預言者たち、第三に教師たち、そして力あるわざ、そして癒やしの賜物、援助、管理、種々の異言を備えてくださいました。」　　　　　　　　　（コリント人への手紙第一12:28、神は）
> 「それぞれが賜物を受けているのですから、神の様々な恵みの良い管理者として、その賜物を用いて互いに仕え合いなさい。」（ペテロの手紙第一4:10）
> 「しかし、私たちは一人ひとり、キリストの賜物の量りにしたがって恵みを与えられました。」　　　　　　　　　　　（エペソ人への手紙4:7、キリストの）
> 「こうして、キリストご自身が、ある人たちを使徒、ある人たちを預言者、ある人たちを伝道者、ある人たちを牧師また教師としてお立てになりました。」　　　　　　　　　　　　　（エペソ人への手紙4:11、キリストご自身が）
> 「さて、賜物はいろいろありますが、与える方は同じ御霊です。」
> 　　　　　　　　　　　　　　　　　（コリント人への手紙第一12:4、聖霊）

「同じ一つの御霊がこれらすべてのことをなさるのであり、御霊は、みこころのままに、一人ひとりそれぞれに賜物を分け与えてくださるのです。」

（コリント人への手紙第一12:11、御霊は）

このように、神・キリスト・御霊は、キリストを信じる一人ひとりに御霊の賜物を与えてくださいます。人間は決して御霊の賜物を造ることも、与えることもできません。ですから、自分がもっている賜物を自分のものだと勘違いしてはいけません。かえって、自分がもっている賜物が神の恵みであることを正しく知ることが大切です。そのとき、自分の賜物を正しく用いるようになります。

2. 聖霊の賜物が与えられた目的

この賜物が与えられた目的は、神の教会の中で皆の益となり、キリストのからだを建て上げるためです。

「皆の益となるために、一人ひとりに御霊の現れが与えられているのです。」
（コリント人への手紙第一12:7）
「神は教会の中に、第一に使徒たち、第二に預言者たち、第三に教師たち、そして力あるわざ、そして癒やしの賜物、援助、管理、種々の異言を備えてくださいました。」
（コリント人への手紙第一12:28）
「こうして、キリストご自身が、ある人たちを使徒、ある人たちを預言者、ある人たちを伝道者、ある人たちを牧師また教師としてお立てになりました。それは、聖徒たちを整えて奉仕の働きをさせ、キリストのからだを建て上げるためです。」
（エペソ人への手紙4:11-12）

このように、皆の益となるために御霊の賜物が与えられています。皆の益とは、キリストのからだである教会の利益を意味します。ですから、頂いた賜物は、自分の利益のためではなく、キリストを信じる人々の集まりである教会の利益のために使うことが大切です。自分に与えられた賜物をもって他の人を評

価したり、非難してはいけないのです。どんな賜物でも、独立して用いられるものではなく、他の人の賜物との調和の中で用いられるものです。

3. 聖霊の賜物を受ける人

　誰でもイエスを主として信じる信仰があれば、神はその人に賜物を与えます。イエスを主として告白する信仰は御霊の賜物の基礎となります。この信仰がなければ決して御霊の賜物を受けることはできません。誰でもイエスを主として告白し、キリストの教会として生きるとき、御霊の賜物が与えられるのです。

　　「皆の益となるために、一人ひとりに御霊の現れが与えられているのです。」　　　　　　　　　　　　　　　　　　（コリント人への手紙第一12:7）
　　「同じ一つの御霊がこれらすべてのことをなさるのであり、御霊は、みこころのままに、一人ひとりそれぞれに賜物を分け与えてくださるのです。」　　　　　　　　　　　　　　（コリント人への手紙第一コリント12:11）
　　「しかし実際、神はみこころにしたがって、からだの中にそれぞれの部分を備えてくださいました。」　　（コリント人への手紙第一コリント12:18）
　　「しかし、私たちは一人ひとり、キリストの賜物の量りにしたがって恵みを与えられました。」　　　　　　　　　　　（エペソ人への手紙4:7）
　　「それぞれが賜物を受けているのですから、神の様々な恵みの良い管理者として、その賜物を用いて互いに仕え合いなさい。」（ペテロの手紙第一4:10）

　このように、御霊の賜物はキリスト者一人ひとりに与えられています。キリスト者は、自分の賜物を悟り、主の教会の利益のために活用することが大切です。

4. 新約聖書が教えている賜物

　ギリシア語では、賜物（贈り物、gifts）を意味する単語がいくつかあります。これらの単語はそれぞれ特別な意味をもっています。この単語がどのように使

われているかを正しく知るとき、神が自分の民をどれほど愛してくださっているか、自分の民に何を願っておられるのかが分かるようになります。

1) DOREMA（賜物）

> 「また賜物は、一人の人が罪を犯した結果とは違います。さばきの場合は、一つの違反から不義に定められましたが、恵みの場合は、多くの違反が義と認められるからです。」　　　（ローマ人への手紙5:16、以下、傍点は筆者）

> 「すべての良い贈り物、またすべての完全な賜物は、上からのものであり、光を造られた父から下って来るのです。父には、移り変わりや、天体の運行によって生じる影のようなものはありません。」　　　（ヤコブの手紙1:17）

DOREMA はただで与えられる尊い贈り物です。

2) DOSIS（贈り物）

> 「ピリピの人たち。あなたがたも知っているとおり、福音を伝え始めたころ、私がマケドニアを出たときに、物をやり取りして私の働きに関わってくれた教会はあなたがただけで、ほかにはありませんでした。」

> 　　　（ピリピ人への手紙4:15）

パウロは、ピリピ教会がコイノニア（聖霊にあって責任ある交わり）の一部として送ってくれた物質的な物（宣教献金）を DOSIS と書いています。

> 「すべての良い贈り物、またすべての完全な賜物は、上からのものであり、光を造られた父から下って来るのです。父には、移り変わりや、天体の運行によって生じる影のようなものはありません。」　　　（ヤコブの手紙1:17）

ヤコブは、神から与えられているすべての良い物を DOSIS と書いています。

3) DOMA（単数）、DOMATA（複数）

> 「このように、あなたがたは悪い者であっても、自分の子どもたちには良

いものを与えることを知っているのです。それならなおのこと、天におられるあなたがたの父は、ご自分に求める者たちに、良いものを与えてくださらないことがあるでしょうか。」　　　　　　　　（マタイの福音書7:11、複数）

「ですから、あなたがたは悪い者であっても、自分の子どもたちには良いものを与えることを知っています。それならなおのこと、天の父はご自分に求める者たちに聖霊を与えてくださいます。」　（ルカの福音書11:13、複数）

「そのため、こう言われています。『彼はいと高き所に上ったとき、捕虜を連れて行き、人々に贈り物を与えられた。』」（エペソ人への手紙4:8、複数）

「私は贈り物を求めているのではありません。私が求めているのは、あなたがたの霊的な口座に加えられていく実なのです。」

（ピリピ人への手紙4:17、単数）

　知恵の神は、求める人々に悪いものではなく、良いものだけを与えてくださるお方です。愛の神は、一番良いものである聖霊もイエスを主として信じる人々に惜しまずに与えてくださるお方です。私たちが祈るとき、良いものが何であるかをよく考えて、神が喜ばれることを求めることが大切です。使徒パウロは、教会を建て上げるために、召天されたキリストが指導者たちを教会に賜物として与えてくださったことを教えています（エペソ人への手紙4:11）。キリスト者は、キリストが教会のために指導者たちを贈り物として与えてくださったことを知ることが大切です。この事実を正しく知るとき、教会の指導者たちは、キリストの心と愛をもって教会と信徒に仕えることができるようになります。信徒も神が送ってくださった教会の指導者たちを愛と感謝の心をもって仕えるようになります。教会の指導者と信徒が主にあって一つになって素晴らしい主の教会を建て上げるようになります。特に、ピリピ4:15には、物質的な物、DOSIS という単語が書いてありますが、4:17では、贈り物、DOMA という単数の単語が書いてあります。これは贈り物をくださる人が、贈り物より大切であることを教えています。

4）MERISMOS（賜物）

　「そのうえ神も、しるしと不思議と様々な力あるわざにより、また、みこ

ころにしたがって聖霊が分け与えてくださる賜物によって、救いを証しし
てくださいました。」
（ヘブル人への手紙2:4）

　神も、聖霊が分け与えてくださる賜物（MERISMOS）によって神の民が受
けている素晴らしい救いについて証ししてくださいます。

5) DOREA（賜物）

「イエスは答えられた。『もしあなたが神の賜物を知り、また、水を飲ま
せてくださいとあなたに言っているのがだれなのかを知っていたら、あな
たのほうからその人に求めていたでしょう。そして、その人はあなたに生
ける水を与えたことでしょう。』」
（ヨハネの福音書4:10）

ここに書いてある神の賜物、DOREA は聖霊を意味します。

「さて、祭りの終わりの大いなる日に、イエスは立ち上がり、大きな声で
言われた。『だれでも渇いているなら、わたしのもとに来て飲みなさい。
わたしを信じる者は、聖書が言っているとおり、その人の心の奥底から、
生ける水の川が流れ出るようになります。』イエスは、ご自分を信じる者
が受けることになる御霊について、こう言われたのである。イエスはまだ
栄光を受けておられなかったので、御霊はまだ下っていなかったのであ
る。」
（ヨハネの福音書7:37-39、参考）
「そこで、ペテロは彼らに言った。『それぞれ罪を赦していただくために、
悔い改めて、イエス・キリストの名によってバプテスマを受けなさい。そ
うすれば、賜物として聖霊を受けます。』」
（使徒の働き2:38）
「しかし、ペテロは彼に言った。『おまえの金は、おまえとともに滅びる
がよい。おまえが金で神の賜物を手に入れようと思っているからだ。』」
（使徒の働き8:20）
「割礼を受けている信者で、ペテロと一緒に来た人たちは、異邦人にも聖
霊の賜物が注がれたことに驚いた。」
（使徒の働き10:45）
「ですから、神が、私たちが主イエス・キリストを信じたときに私たちに

下さったのと同じ賜物を、彼らにもお授けになったのなら、どうして私などが、神がなさることを妨げることができるでしょうか。」

(使徒の働き11:17)

「しかし、恵みの賜物は違反の場合と違います。もし一人の違反によって多くの人が死んだのなら、神の恵みと、一人の人イエス・キリストの恵みによる賜物は、なおいっそう、多くの人に満ちあふれるのです。」

(ローマ人への手紙5:15)

「もし一人の違反により、一人によって死が支配するようになったのなら、なおさらのこと、恵みと義の賜物をあふれるばかり受けている人たちは、一人の人イエス・キリストにより、いのちにあって支配するようになるのです。」

(ローマ人への手紙5:17)

「ことばに表せないほどの賜物のゆえに、神に感謝します。」

(コリント人への手紙第二9:15)

「私は、神の力の働きによって私に与えられた神の恵みの賜物により、この福音に仕える者になりました。」　　　　　(エペソ人への手紙3:7)

「しかし、私たちは一人ひとり、キリストの賜物の量りにしたがって恵みを与えられました。」　　　　　　　　　　　(エペソ人への手紙4:7)

「一度光に照らされ、天からの賜物を味わい、聖霊にあずかる者となって……」

(ヘブル人への手紙6:4)

このように、DOREA（賜物）という単語は聖霊ご自身のことを指しています。

6) DORON、DORA（複数）

「それから家に入り、母マリアとともにいる幼子を見、ひれ伏して礼拝した。そして宝の箱を開けて、黄金、乳香、没薬を贈り物として献げた。」

(マタイの福音書2:11、複数、gifts)

「ですから、祭壇の上にささげ物を献げようとしているときに、兄弟が自分を恨んでいることを思い出したなら、ささげ物はそこに、祭壇の前に置き、行って、まずあなたの兄弟と仲直りをしなさい。それから戻って、そのささげ物を献げなさい。」

(マタイの福音書5:23-24、単数、gift)

「イエスは彼に言われた。『だれにも話さないように気をつけなさい。ただ行って自分を祭司に見せなさい。そして、人々への証しのために、モーセが命じたささげ物をしなさい。』」　　　　　　　（マタイの福音書8:4、単数、gift）

「それなのに、あなたがたは言っています。『だれでも父または母に向かって、私からあなたに差し上げるはずの物は神へのささげ物になります、と言う人は……』」　　　　　　　　　　（マタイの福音書15:5、単数、gift）

「目の見えない者たち。ささげ物と、そのささげ物を聖なるものにする祭壇と、どちらが重要なのか。」　　　　　　（マタイの福音書23:19、単数、gift）

「それなのに、あなたがたは、『もし人が、父または母に向かって、私からあなたに差し上げるはずの物は、コルバン（すなわち、ささげ物）です、と言うなら──』と言って……』」　　　（マルコの福音書7:11、単数、gift）

「イエスは目を上げて、金持ちたちが献金箱に献金を投げ入れているのを見ておられた。」　　　　　　　　　　　（ルカの福音書21:1、複数、gifts）

「この恵みのゆえに、あなたがたは信仰によって救われたのです。それはあなたがたから出たことではなく、神の賜物です。」
　　　　　　　　　　　　　　　　　　（エペソ人への手紙2:8、単数、gift）

「大祭司はみな、人々の中から選ばれ、人々のために神に仕えるように、すなわち、ささげ物といけにえを罪のために献げるように、任命されています。」　　　　　　　　　　　　　　（ヘブル人への手紙5:1、複数、gifts）

「大祭司はみな、ささげ物といけにえを献げるために任命されています。したがって、この大祭司も何か献げる物を持っていなければなりません。」　　　　　　　　　　　　　　（ヘブル人への手紙8:3、複数、gifts）

「信仰によって、アベルはカインよりもすぐれたいけにえを神に献げ、そのいけにえによって、彼が正しい人であることが証しされました。神が、彼のささげ物を良いささげ物だと証ししてくださったからです。彼は死にましたが、その信仰によって今もなお語っています。」

　　　　　　　　　　　　　　　　　（ヘブル人への手紙11:4、複数、gifts）

DORON は、礼拝のためにささげられる贈り物、献金、神の恵みによって頂いた賜物を意味します。この DORON は、神にささげる物も大事ですが、そ

の物を備える人々の心の姿勢がもっと大切であることを示しています。また、神にささげる物も、献金も、救いも神から頂いた贈り物、恵みであることを忘れてはいけません。

7) CHARISMA

　この CHARISMA は、共に主の教会を建て上げるために、教会の働きと奉仕と愛の実践のために、キリスト者一人ひとりに神から与えられている贈り物（gifts）です。

　　「私があなたがたに会いたいと切に望むのは、御霊の賜物をいくらかでも分け与えて、あなたがたを強くしたいからです。」

（ローマ人への手紙1:11、gift）

　　「しかし、恵みの賜物は違反の場合と違います。もし一人の違反によって多くの人が死んだのなら、神の恵みと、一人の人イエス・キリストの恵みによる賜物は、なおいっそう、多くの人に満ちあふれるのです。」

（ローマ人への手紙5:15、free gift）

　　「また賜物は、一人の人が罪を犯した結果とは違います。さばきの場合は、一つの違反から不義に定められましたが、恵みの場合は、多くの違反が義と認められるからです。」　　　　（ローマ人への手紙5:16、free gift）

　　「罪の報酬は死です。しかし神の賜物は、私たちの主キリスト・イエスにある永遠のいのちです。」　　　　（ローマ人への手紙6:23、free gift）

　　「神の賜物と召命は、取り消されることがないからです。」

（ローマ人への手紙11:29、free gifts）

　　「私たちは、与えられた恵みにしたがって、異なる賜物を持っているので、それが預言であれば、その信仰に応じて預言し……」

（ローマ人への手紙12:6、gifts）

　　「その結果、あなたがたはどんな賜物にも欠けることがなく、熱心に私たちの主イエス・キリストの現れを待ち望むようになっています。」

（コリント人への手紙第一1:7、gift）

　　「私が願うのは、すべての人が私のように独身であることです。しかし、

一人ひとり神から与えられた自分の賜物があるので、人それぞれの生き方があります。」　　　　　　　　　　　　（コリント人への手紙第一7:7、gift）

「さて、賜物はいろいろありますが、与える方は同じ御霊です。」

（コリント人への手紙第一12:4、gifts）

「あなたがたは、よりすぐれた賜物を熱心に求めなさい。私は今、はるかにまさる道を示しましょう。」　　　（コリント人への手紙第一12:31、gifts）

「あなたがたも祈りによって協力してくれれば、神は私たちを救い出してくださいます。そのようにして、多くの人たちの助けを通して私たちに与えられた恵みについて、多くの人たちが感謝をささげるようになるのです。」　　　　　　　　　　　　（コリント人への手紙第二1:11、gift）

「長老たちによる按手を受けたとき、預言によって与えられた、あなたのうちにある賜物を軽んじてはいけません。」　（テモテへの手紙第一4:14、gift）

「そういうわけで、私はあなたに思い起こしてほしいのです。私の按手によってあなたのうちに与えられた神の賜物を、再び燃え立たせてください。」　　　　　　　　　　　　　（テモテへの手紙第二1:6、gift）

「それぞれが賜物を受けているのですから、神の様々な恵みの良い管理者として、その賜物を用いて互いに仕え合いなさい。」

（ペテロの手紙第一4:10、gift）

　このCHARISMA（賜物、gifts）は、それぞれのキリスト者に与えられている神からの恵みです。神から与えられている賜物は、自分のためではなく、皆の益のために使わなければならない贈り物です。自分の賜物を軽く考えないで、積極的に教会の中で、皆の益のために燃えたたせることが大切です。神は、自分の民を愛し、彼らに素晴らしい指導者も、御霊の賜物も自分の教会を建て上げるために与えてくださるのです。これらは何と尊いものでしょう。尊いものをいつもただで与えてくださる神の愛を思い出しながら、神から頂いた賜物（gifts）を主の教会と教会の使命である福音宣教と社会的な責任を果たすために、喜んで、自ら進んで正しく使うことが求められています。いつか主の前で報われる日が必ず来るからです。

5. 賜物の種類

　新約聖書は、賜物の種類について具体的に教えています。

1) エペソ人への手紙4:7-13（5種類）

　「こうして、キリストご自身が、ある人たちを使徒、ある人たちを預言者、ある人たちを伝道者、ある人たちを牧師また教師としてお立てになりました。それは、聖徒たちを整えて奉仕の働きをさせ、キリストのからだを建て上げるためです。」

（エペソ人への手紙4:11-12）

- 使徒（apostles）
- 預言者（prophets）
- 伝道者（evangelists）
- 牧師（pastors, shepherds）
- 教師（teachers）

　この人々は、キリストご自身が教会のために特別に与えてくださった賜物です。この人々の任務は「聖徒たちを整えて奉仕の働きをさせ、キリストのからだを建て上げること」です。この人々が、喜んで主と教会のために任務を果たすことができるように、聖徒たちは喜んで協力することが大切です。

　「よく指導している長老は、二倍の尊敬を受けるにふさわしいとしなさい。みことばと教えのために労苦している長老は特にそうです。」

（テモテへの手紙第一5:17）

　「あなたがたの指導者たちの言うことを聞き、また服従しなさい。この人たちは神に申し開きをする者として、あなたがたのたましいのために見張りをしているのです。ですから、この人たちが喜んでそのことをし、嘆きながらすることにならないようにしなさい。そうでないと、あなたがたの益にはならないからです。」

（ヘブル人への手紙13:17）

2) ローマ人への手紙12:3-8（7種類）

「私たちは、与えられた恵みにしたがって、異なる賜物を持っているので、それが預言であれば、その信仰に応じて預言し、奉仕であれば奉仕し、教える人であれば教え、勧めをする人であれば勧め、分け与える人は惜しまずに分け与え、指導する人は熱心に指導し、慈善を行う人は喜んでそれを行いなさい。」

(ローマ人への手紙12:6-8)

- 預言
- 奉仕
- 教える
- 勧める
- 分け与える
- 指導する
- 慈善を行う

3) コリント人への手紙第一12:4-12（9種類）

「ある人には御霊を通して知恵のことばが、ある人には同じ御霊によって知識のことばが与えられています。ある人には同じ御霊によって信仰、ある人には同一の御霊によって癒やしの賜物、ある人には奇跡を行う力、ある人には預言、ある人には霊を見分ける力、ある人には種々の異言、ある人には異言を解き明かす力が与えられています。」

(コリント人への手紙第一12:8-10)

- 知恵のことば
- 知識のことば
- 信仰
- 癒やし
- 奇跡
- 預言

- 霊を見分ける
- 異言
- 異言を解き明かす

「愛を追い求めなさい。また、御霊の賜物、特に預言することを熱心に求めなさい。異言で語る人は、人に向かって語るのではなく、神に向かって語ります。だれも理解できませんが、御霊によって奥義を語るのです。しかし預言する人は、人を育てることばや勧めや慰めを、人に向かって話します。」　　　　　　　　　　　　　　（コリント人への手紙第一12:1-3）

4) コリント人への手紙第一12:28-31（10種類）

「神は教会の中に、第一に使徒たち、第二に預言者たち、第三に教師たち、そして力あるわざ、そして癒やしの賜物、援助、管理、種々の異言を備えてくださいました。皆が使徒でしょうか。皆が預言者でしょうか。皆が教師でしょうか。すべてが力あるわざでしょうか。皆が癒やしの賜物を持っているでしょうか。皆が異言を語るでしょうか。皆がその解き明かしをするでしょうか。あなたがたは、よりすぐれた賜物を熱心に求めなさい。私は今、はるかにまさる道を示しましょう。」（コリント人への手紙第一12:28-31）

- 使徒たち
- 預言者たち
- 教師たち
- 力あるわざ
- 癒やし
- 援助
- 管理
- 異言
- 異言を解き明かす
- よりすぐれた賜物

5) ペテロの手紙第一4:10-11（2種類）

「それぞれが賜物を受けているのですから、神の様々な恵みの良い管理者として、その賜物を用いて互いに仕え合いなさい。語るのであれば、神のことばにふさわしく語り、奉仕するのであれば、神が備えてくださる力によって、ふさわしく奉仕しなさい。すべてにおいて、イエス・キリストを通して神があがめられるためです。この方に栄光と力が世々限りなくありますように。アーメン。」
(ペテロの手紙第一4:10-11)

- 神のことばを語る
- 奉仕する人

6) その他の賜物（6種類）

- 伝道の賜物

「そして毎日、宮や家々でイエスがキリストであると教え、宣べ伝えることをやめなかった。」
(使徒の働き5:42)

「散らされた人たちは、みことばの福音を伝えながら巡り歩いた。ピリポはサマリアの町に下って行き、人々にキリストを宣べ伝えた。」
(使徒の働き8:4-5)

- とりなしの祈りの賜物

「彼らはみな、女たちとイエスの母マリア、およびイエスの兄弟たちとともに、いつも心を一つにして祈っていた。」
(使徒の働き1:14)

「こうしてペテロは牢に閉じ込められていたが、教会は彼のために、熱心な祈りを神にささげていた。」
(使徒の働き12:5)

- 賛美の賜物

「それでは、兄弟たち、どうすればよいのでしょう。あなたがたが集まるときには、それぞれが賛美したり、教えたり、啓示を告げたり、異言を話したり、解き明かしたりすることができます。そのすべてのことを、成長

に役立てるためにしなさい。」　　　　　　　（コリント人への手紙第一14:26）

　「それなら、私たちはイエスを通して、賛美のいけにえ、御名をたたえる
　唇の果実を、絶えず神にささげようではありませんか。」

（ヘブル人への手紙13:15）

● 殉教の賜物ともてなしの賜物
　「たとえ私が持っている物のすべてを分け与えても、たとえ私のからだを
　引き渡して誇ることになっても、愛がなければ、何の役にも立ちませ
　ん。」　　　　　　　　　　　　　　　（コリント人への手紙第一13:3）

● 独身の賜物
　「私が願うのは、すべての人が私のように独身であることです。しかし、
　一人ひとり神から与えられた自分の賜物があるので、人それぞれの生き方
　があります。」　　　　　　　　　　　（コリント人への手紙第一7:7）

6. 賜物を正しく用いる生き方

1) 神の様々な恵みの良い管理者として互いに仕え合うために

　「それぞれが賜物を受けているのですから、神の様々な恵みの良い管理者
　として、その賜物を用いて互いに仕え合いなさい。」（ペテロの手紙第一4:10）

2) 互いに神の栄光を現すために

　「語るのであれば、神のことばにふさわしく語り、奉仕するのであれば、
　神が備えてくださる力によって、ふさわしく奉仕しなさい。すべてにおい
　て、イエス・キリストを通して神があがめられるためです。この方に栄光
　と力が世々限りなくありますように。アーメン。」　　（ペテロの手紙第一4:11）

3) 互いに支え合うために

　「ちょうど、からだが一つでも、多くの部分があり、からだの部分が多く

ても、一つのからだであるように、キリストもそれと同様です。」

（コリント人への手紙第一12:12）

「それは、からだの中に分裂がなく、各部分が互いのために、同じように配慮し合うためです。一つの部分が苦しめば、すべての部分がともに苦しみ、一つの部分が尊ばれれば、すべての部分がともに喜ぶのです。あなたがたはキリストのからだであって、一人ひとりはその部分です。」

（コリント人への手紙第一12:25-27）

4）互いに愛の中で用いるために

「たとえ私が人の異言や御使いの異言で話しても、愛がなければ、騒がしいどらや、うるさいシンバルと同じです。たとえ私が預言の賜物を持ち、あらゆる奥義とあらゆる知識に通じていても、たとえ山を動かすほどの完全な信仰を持っていても、愛がないなら、私は無に等しいのです。たとえ私が持っている物のすべてを分け与えても、たとえ私のからだを引き渡して誇ることになっても、愛がなければ、何の役にも立ちません。」

（コリント人への手紙第一13:1-3）

5）互いに自分の信仰の量りに応じて用いるために

「私は、自分に与えられた恵みによって、あなたがた一人ひとりに言います。思うべき限度を超えて思い上がってはいけません。むしろ、神が各自に分け与えてくださった信仰の量りに応じて、慎み深く考えなさい。」

（ローマ人への手紙12:3）

6）互いに教会の中で皆の益となるために

「皆の益となるために、一人ひとりに御霊の現れが与えられているのです。」

（コリント人への手紙第一12:7）

7）互いにキリストのからだ（教会）を建て上げるために

「それは、聖徒たちを整えて奉仕の働きをさせ、キリストのからだを建て上げるためです。」

（エペソ人への手紙4:12）

8) 互いに教会を成長させるために

「同じようにあなたがたも、御霊の賜物を熱心に求めているのですから、教会を成長させるために、それが豊かに与えられるように求めなさい。」

（コリント人への手紙第一14:12）

「それでは、兄弟たち、どうすればよいのでしょう。あなたがたが集まるときには、それぞれが賛美したり、教えたり、啓示を告げたり、異言を話したり、解き明かしたりすることができます。そのすべてのことを、成長に役立てるためにしなさい。」

（コリント人への手紙第一14:26）

9) 互いに秩序正しく行うために

「神は混乱の神ではなく、平和の神なのです。聖徒たちのすべての教会で行われているように……」

（コリント人への手紙第一14:33）

「ただ、すべてのことを適切に、秩序正しく行いなさい。」

（コリント人への手紙第一14:40）

聖霊の賜物を正しく用いる生き方は、からだの肢体の動きと同じです。からだには肢体がたくさんありますが、必要ない肢体は一つもありません。全能なる神が人間を創造したとき、すべての肢体が必要だから造ってくださったのです。からだの肢体は、それぞれ自分の存在価値と技能をもっています。聖霊の賜物もこれと同じです。

大切なことは、自分がもっている賜物を他の人の賜物と比較しないで、感謝しながら謙遜に、賜物をそれが与えられた目的のとおりに正しく用いることです。キリストのからだである教会では、どんな肢体でも他の肢体の支えと助けなしに、独立して維持することはできないのです。互いに仕え合い、支え合い、助け合い、愛し合いながらキリストの教会を神の栄光のために建て上げることが何よりも大事です。

7. 才能（talent）と賜物（gifts）の違い

　才能は人間の努力で得るものですが、賜物は神から与えられる贈り物です。才能は人々のために使いますが、賜物は神と教会のために使います。しかし、才能は聖霊の働きによって賜物に変わる場合があります。どうすれば、才能が賜物に変わるでしょうか。

1) 才能を神に喜ばれる、聖なる生きたささげ物として神にささげるときです。

　「ですから、兄弟たち、私は神のあわれみによって、あなたがたに勧めます。あなたがたのからだを、神に喜ばれる、聖なる生きたささげ物として献げなさい。それこそ、あなたがたにふさわしい礼拝です。」

(ローマ人への手紙12:1)

2) 才能を神のみこころに従って用いるときです。

　「この世と調子を合わせてはいけません。むしろ、心を新たにすることで、自分を変えていただきなさい。そうすれば、神のみこころは何か、すなわち、何が良いことで、神に喜ばれ、完全であるのかを見分けるようになります。」

(ローマ人への手紙12:2)

3) 才能を信仰の量りに応じて用いるときです。

　「私は、自分に与えられた恵みによって、あなたがた一人ひとりに言います。思うべき限度を超えて思い上がってはいけません。むしろ、神が各自に分け与えてくださった信仰の量りに応じて、慎み深く考えなさい。」

(ローマ人への手紙12:3)

4) 才能を教会の徳を高めるために用いるときです。

　「一つのからだには多くの器官があり、しかも、すべての器官が同じ働きをしてはいないように、大勢いる私たちも、キリストにあって一つのから

だであり、一人ひとりは互いに器官なのです。」　（ローマ人への手紙12:4-5）

5) 才能が愛を現すために用いられるときです。

「愛には偽りがあってはなりません。悪を憎み、善から離れないようにしなさい。兄弟愛をもって互いに愛し合い、互いに相手をすぐれた者として尊敬し合いなさい。」　　　　　　　　　　　　（ローマ人への手紙12:9-10）

6) 才能を神の良い管理者として用いるときです。

「それぞれが賜物を受けているのですから、神の様々な恵みの良い管理者として、その賜物を用いて互いに仕え合いなさい。」（ペテロの手紙第一4:10）

7) 才能を神の栄光のために用いるときです。

「こういうわけで、あなたがたは、食べるにも飲むにも、何をするにも、すべて神の栄光を現すためにしなさい。」　　（コリント人への手紙第一10:31）

8. 自分の賜物を発見する方法

「私は、自分に与えられた恵みによって、あなたがた一人ひとりに言います。思うべき限度を超えて思い上がってはいけません。むしろ、神が各自に分け与えてくださった信仰の量りに応じて、慎み深く考えなさい。」

（ローマ人への手紙12:3）

1)賜物の種類をよく調べて可能性がある賜物を探すことです。
2)できる限り実験してみることです。
3)実験の後、自分の心に喜びがあるかどうかを確認することです。あれば、それが賜物になる可能性が高いです。
4)実験の結果を確認してみることです。機能的な賜物であればある目的を達成するようになります。良い結果がなければ賜物にならない場合が多いです。
5)賜物であれば他の人々との正しい関係、調和の中で、尊くその賜物が用い

られます。

6)たくさんの賜物の中で熱心に求めるべきものは愛と預言の賜物です。

> 「あなたがたは、よりすぐれた賜物を熱心に求めなさい。私は今、はるか
> にまさる道を示しましょう。」　　　　　（コリント人への手紙第一12:31）
> 「愛を追い求めなさい。また、御霊の賜物、特に預言することを熱心に求
> めなさい。」　　　　　　　　　　　　　（コリント人への手紙第一14:1）
> 「ですから、私の兄弟たち、預言することを熱心に求めなさい。また、異
> 言で語ることを禁じてはいけません。」　（コリント人への手紙第一14:39）

なお、キリスト者一人ひとりが、教会の中で賜物と関係なしに奉仕しなけれ
ばならない場合があります。緊急の場合、どんなことでもする必要があります。
それが主が喜ばれる生き方です。

9. 御霊の賜物と御霊の実

御霊の賜物と御霊の実は、神から与えられる霊的なものです。この霊的なも
のは、キリスト者一人ひとりを強くし、皆の徳を建て上げ、皆の益のために用
いられます。御霊の賜物は、人々の外側の活動と関係がありますが、御霊の実
は、人々の内側の品性と関係があります。外側の活動は、内側の品性との良い
関係の中で正しく用いられます。内側の品性と関係のある御霊の実は愛です。

> 「しかし、御霊の実は、愛、喜び、平安、寛容、親切、善意、誠実、柔和、
> 自制です。このようなものに反対する律法はありません。」
> 　　　　　　　　　　　　　　　　　　　　（ガラテヤ人への手紙5:22-23）

このみことばは、御霊の実が愛であることを具体的に教えています。この
「御霊の実（FRUIT）」は、単数ですが、御霊の実の表れは九つですから複数で
す。これは、御霊の実である愛の表れが豊かであることを示しています。

第一コリント人への手紙12:31は、よりすぐれた賜物を熱心に求めることを教えています。この賜物は、単数ではなく複数です。文脈から見れば、この賜物は愛を示しています。この愛は、はるかにまさる道であり、いつまでも残るものであり、求める価値があるものです（コリント人への手紙第一12:31、14:13、14:1）。

　この愛がなければ立派な賜物でも、騒がしいどらやうるさいシンバルと同じものになります。無に等しいものになります。何の役にも立たないものになります（コリント人への手紙第一13:1-3）。この愛の中ですべての賜物が正しく用いられるとき、皆の益となり、主の教会の徳を建て上げるようになります。この愛の中で自分の賜物を保つことができない人は、肉に属している人です。賜物は霊的なものですが、この賜物をもっている人の皆が御霊に属しているのではありません。コリント教会の信徒の中には肉に属している人々もいました。彼らも賜物をもっていましたが（コリント人への手紙第一1:7）、教会の徳と益を建て上げるより、教会の中で人をねたんだり、争ったりしました（コリント人への手紙第一3:1-3）。肉に属している人々、すなわち、ねたみや争いがある人々は、自分の賜物を正しく用いることができないのです。

　しかし、御霊に属している人々は、御霊の支配を受けて御霊の実である愛を結ぶようになります。この愛の実が御霊に属しているしるしになります。この愛はすべての賜物が正しく用いられるように導く役割をします。

結　　論

　御霊の賜物は、主の教会のためにキリスト者一人ひとりに与えられている神からの贈り物です。この賜物も大切ですが、もっと大切なことは、この賜物を与えてくださった神です。神の力と助けと愛によってそれぞれの賜物が正しく用いられるからです。いつも、神の前で謙遜になって愛を求め、愛の中に自分自身を保ち、愛に生きるならば、賜物が正しく用いられるようになります。神からの恵みである賜物は、救いとは違うものです。キリスト者一人ひとりが、自分が頂いた賜物を正しく用いるとき、主の教会が祝福されます。その人は主と信徒から認められ、自分の信仰が強くされます。主から良い忠実なしもべと

して報いを受けることになります（マタイの福音書25:20）。しかし、正しく用いることができなければ主から追い出されるようになります（マタイの福音書7:21-23）。

> 「さて、賜物はいろいろありますが、与える方は同じ御霊です。奉仕はいろいろありますが、仕える相手は同じ主です。働きはいろいろありますが、同じ神がすべての人の中で、すべての働きをなさいます。皆の益となるために、一人ひとりに御霊の現れが与えられているのです。」
>
> （コリント人への手紙第一12:4-7）

第7課　真理の御霊と注ぎの油

序　論

　聖霊の別名の一つは真理の御霊です。真理の御霊の役割は、主の民をすべて
の真理に導き入れることです。真理に導き入れることは、聖霊が人格をもって
働いていることを示します。キリストは、この事実を具体的に教えてください
ました。

　　　「しかし、その方、すなわち真理の御霊が来ると、あなたがたをすべての
　　　真理に導き入れます。御霊は自分から語るのではなく、聞くままを話し、
　　　また、やがて起ころうとしていることをあなたがたに示すからです。」

（ヨハネの福音書16:13）

　私たちは、このみことばと関連のみことばを通して、真理について、自分か
ら語らない真理の御霊について、やがて起ころうとしていることを示す真理の
御霊について確認することができます。

1. 真理に導き入れる御霊

　御霊は真理です（参考：ヨハネの手紙第一5:6）。真理（aletheia, The Truth）とは、
永遠に変わらないで、すべての時代のすべての人々に利益だけを与え、彼らを
正しいところに導くものです。この「真理」という単語は、あるときには「ま
こと」、「真実」と訳されています。聖書はこの真理について具体的に教えてい
ます。

1) イエス・キリストが真理です。

　真理であるキリストは、真理を教え、真理を証ししました。

　　　「イエスは彼に言われた。『わたしが道であり、真理であり、いのちなの
　　　です。わたしを通してでなければ、だれも父のみもとに行くことはできま

せん。』」 （ヨハネの福音書14:6）

「ことばは人となって、私たちの間に住まわれた。私たちはこの方の栄光
を見た。父のみもとから来られたひとり子としての栄光である。この方は
恵みとまことに満ちておられた。」 （ヨハネの福音書1:14）

「律法はモーセによって与えられ、恵みとまことはイエス・キリストによ
って実現したからである。」 （ヨハネの福音書1:17）

「しかし、このわたしは真理を話しているので、あなたがたはわたしを信
じません。あなたがたのうちのだれが、わたしに罪があると責めることが
できますか。わたしが真理を話しているなら、なぜわたしを信じないので
すか。」 （ヨハネの福音書8:45-46）

「そこで、ピラトはイエスに言った。『それでは、あなたは王なのか。』イ
エスは答えられた。『わたしが王であることは、あなたの言うとおりです。
わたしは、真理について証しするために生まれ、そのために世に来ました。
真理に属する者はみな、わたしの声に聞き従います。』」

（ヨハネの福音書18:37）

「ただし、本当にあなたがたがキリストについて聞き、キリストにあって
教えられているとすれば、です。真理はイエスにあるのですから。」

（エペソ人への手紙4:21）

「イエス・キリストは、昨日も今日も、とこしえに変わることがありませ
ん。」 （ヘブル人への手紙13:8）

2) 神が真理です。

　真実は神の本質であり、品性です。真理である神が永遠に変わらないように、
神の本質も永遠に変わりません。

「主は岩。主のみわざは完全。まことに主の道はみな正しい。主は真実な
神で偽りがなく、正しい方、直ぐな方である。」 （申命記32:4）

「私の霊をあなたの御手にゆだねます。まことの神　主よ。あなたは私を
贖い出してくださいます。」 （詩篇31:5）

「この地で祝福される者はまことの神によって祝福され、この地で誓う者

はまことの神によって誓う。かつての苦難は忘れられ、わたしの目から隠されるからだ。」

（イザヤ書65:16）

3) 聖霊が真理です。

真理の御霊である聖霊は、人々に真理を悟らせ、彼らを真理に導き入れます。

「そしてわたしが父にお願いすると、父はもう一人の助け主をお与えくださり、その助け主がいつまでも、あなたがたとともにいるようにしてくださいます。この方は真理の御霊です。世はこの方を見ることも知ることもないので、受け入れることができません。あなたがたは、この方を知っています。この方はあなたがたとともにおられ、また、あなたがたのうちにおられるようになるのです。」　（ヨハネの福音書14:16-17）
「わたしが父のもとから遣わす助け主、すなわち、父から出る真理の御霊が来るとき、その方がわたしについて証ししてくださいます。」

（ヨハネの福音書15:26）

「この方は、水と血によって来られた方、イエス・キリストです。水によるだけではなく、水と血によって来られました。御霊はこのことを証しする方です。御霊は真理だからです。」　（ヨハネの手紙第一5:6）

4) 神のみことばが真理です。

神のみことばは、永遠に変わらない真理です。この真理のみことばは、人々を不義から離れさせ、聖くなるようにします。

「私の口から　真理のみことばを　取り去ってしまわないでください。私はあなたのさばきを待ち望んでいるのです。」　（詩篇119:43）
「あなたの義のわざは　永遠の義　あなたのみおしえは　まことです。」

（詩篇119:142）

「しかし　主よ　あなたがそばにおられます。あなたの仰せはことごとくまことです。」　（詩篇119:151）
「天地は消え去ります。しかし、わたしのことばは決して消え去ることが

126

ありません。」　　　　　　　　　　　　　　　　（マタイの福音書24:35)

「真理によって彼らを聖別してください。あなたのみことばは真理です。」　　　　　　　　　　　　　　　　　　（ヨハネの福音書17:17)

「真理のことばと神の力により、また左右の手にある義の武器によって……」　　　　　　　　　　　　　　　（コリント人への手紙第二6:7)

「このキリストにあって、あなたがたもまた、真理のことば、あなたがたの救いの福音を聞いてそれを信じたことにより、約束の聖霊によって証印を押されました。」　　　　　　　　　　　（エペソ人への手紙1:13)

「あなたは務めにふさわしいと認められる人として、すなわち、真理のみことばをまっすぐに説き明かす、恥じることのない働き人として、自分を神に献げるように最善を尽くしなさい。」　　　（テモテへの手紙第二2:15)

5) アガペーの愛が真理です。

　自分の利益を求めず、相手の利益だけ求めるアガペーの愛（無条件的な愛）は、いつまでも残り、絶えることのない真理です。

「不法の者は、サタンの働きによって到来し、あらゆる力、偽りのしるしと不思議、また、あらゆる悪の欺きをもって、滅びる者たちに臨みます。彼らが滅びるのは、自分を救う真理の愛をもって（the love of the truth）受け入れなかったからです。」　　　（テサロニケ人への手紙第二2:9-10)

「愛は寛容であり、愛は親切です。また人をねたみません。愛は自慢せず、高慢になりません。礼儀に反することをせず、自分の利益を求めず、苛立たず、人がした悪を心に留めず、不正を喜ばずに、真理を喜びます。すべてを耐え、すべてを信じ、すべてを望み、すべてを忍びます。愛は決して絶えることがありません。預言ならすたれます。異言ならやみます。知識ならすたれます。」　　　　　　　　（コリント人への手紙第一13:4-8)

「こういうわけで、いつまでも残るのは信仰と希望と愛、これら三つです。その中で一番すぐれているのは愛です。」　　（コリント人への手紙第一13:13)

6) 福音が真理です。

　福音とは、私たちの主イエス・キリストとそのすべての教えです（参考：ローマ人への手紙1:2-4）。主イエス・キリストも、その教えも、キリストが与える救いも永遠に変わらない真理です。

> 「私たちは、一時も彼らに譲歩したり屈服したりすることはありませんでした。それは、福音の真理があなたがたのもとで保たれるためでした。」
>
> （ガラテヤ人への手紙2:5）
>
> 「それらは、あなたがたのために天に蓄えられている望みに基づくもので、あなたがたはこの望みのことを、あなたがたに届いた福音の真理のことばによって聞きました。」
>
> （コロサイ人への手紙1:5）

　このような真理は、人々をすべての罪意識、不幸から自由にします。人々を聖くします。人々のたましいを聖め、偽りのない兄弟愛を抱くようにします。人々を永遠の滅びから救いに導きます。これらのものは、すべての人々に必要な素晴らしい祝福です。

> 「あなたがたは真理を知り、真理はあなたがたを自由にします。」
>
> （ヨハネの福音書8:32）
>
> 「真理によって彼らを聖別してください。あなたのみことばは真理です。」
>
> （ヨハネの福音書17:17）
>
> 「あなたがたは真理に従うことによって、たましいを清め、偽りのない兄弟愛を抱くようになったのですから、きよい心で互いに熱く愛し合いなさい。」
>
> （ペテロの手紙第一1:22）
>
> 「神は、すべての人が救われて、真理を知るようになることを望んでおられます。」
>
> （テモテへの手紙第一2:4）

　このように、真理の御霊の重要な働きは、すべての主の民を真理に導き入れることです。「導き入れる（hodegeo）」とは、「道を示す、案内する、教える、

指導する、導く」ことを意味します。御霊は主の民の道しるべであり、真の教師であり、真理である神とキリストと聖書と愛と福音に導いてくださる真の神であり、真理です。この事実を知れば知るほど、真理の御霊に一瞬一瞬拠り頼みながら生きるようになるでしょう。

2. 自分から語らない真理の御霊

　ヨハネの福音書16:13に「御霊は自分から語るのではなく、聞くままを話し（he will not speak on his own）」と書いてあります。「自分から語る」とは、自分自ら、すなわち自分自身が真理の源であるかのように自分勝手に語ることです。ヨハネの福音書8:44には、悪魔が「偽りを言うときは、自分にふさわしい話し方をしているのです。なぜなら彼は偽り者であり、また偽りの父であるからです」と書いてあります。このみことばのとおりに、悪魔は自分にふさわしく語ります。
「自分にふさわしい話し方をしているのです（he speaks his native language）」とは、自分自身のものから、すなわち偽りの源として偽りにふさわしい話し方をしていることです。しかし、真理の御霊はそうではありません。自分勝手に語らないで、主から聞いたとおりに語ります。聖霊は自分を証しせず、キリストについて証しします。キリストの栄光を現します。キリストが話したすべてのことを思い起こさせてくださいます。

> 「しかし、助け主、すなわち、父がわたしの名によってお遣わしになる聖霊は、あなたがたにすべてのことを教え、わたしがあなたがたに話したすべてのことを思い起こさせてくださいます。」　　　　（ヨハネの福音書14:26）
> 「わたしが父のもとから遣わす助け主、すなわち、父から出る真理の御霊が来るとき、その方がわたしについて証ししてくださいます。」
> 　　　　　　　　　　　　　　　　　　　　　　　（ヨハネの福音書15:26）
> 「御霊はわたしの栄光を現されます。わたしのものを受けて、あなたがたに伝えてくださるのです。」　　　　　　　　　　（ヨハネの福音書16:14）

聖霊は、いつまでも自分中心にならない愛をもって、キリストの栄光を現しながら自分の民を真理に導き入れます。

3. やがて起ころうとしていることを示す

　真理の御霊ヨハネの福音書16:13に「真理の御霊はやがて起ころうとしていることをあなたがたに示すからです」と書いてあります。ここの「起ころうとしていること（what is yet to come, the coming things）」とは、終わりの時代にある神の審判と救いの御業です。約束された聖霊が降臨したペンテコステの日、使徒ペテロが聖霊に満たされて福音を語るとき、預言者ヨエルのことばを引用して、起ころうとしていることを語りました。

> 「主の大いなる輝かしい日が来る前に、太陽はやみとなり、月は血に変わる。しかし、主の名を呼ぶ者はみな救われる。」

（使徒2:20-21、ヨエル2:28-32参考）

　このように聖霊は、今現在も真理のみことばを通して、この世の終わりと審判があること、だれでもキリストを信じる人、すなわち主の名を呼ぶ人は救われることを明確に示しています。

　もちろん、聖霊によって未来のことを示した預言者たちが初代教会の中にもいました。アガボは、世界中に大きなききんが起こると聖霊によって預言しましたが、そのとおりになりました（参考：使徒の働き11:27-30）。また、彼はパウロがエルサレムでユダヤ人に縛られ、異邦人の手に渡されることを聖霊によって預言しましたが、そのとおりになりました（参考：使徒の働き21:8-11）。アンティオキア教会にも預言者たちがいました（参考：使徒の働き13:1-2）。コリント教会にも神に任命された預言者たちがいましたが、彼らもその時代に尊く用いられました（参考：コリント人への手紙第一12:28、14:24-25）。このように、預言者たちは初代教会の時代に活動をしながら、使徒たちと共に重要な役割を果たしました。

　それゆえに、使徒パウロはエペソ教会に「あなたがたは使徒と預言者という土台の上に建てられており、キリスト・イエスご自身がその礎石です」（エペソ

人への手紙2:20）と教えました。ここに書いてある預言者たちは、旧約時代の預言者より、初代教会で活動していた預言者たちのことでしょう（参考：エペソ人への手紙3:5、4:11、コリント人への手紙第一12:28）。

　しかし、初代教会の中で尊く用いられた使徒たちと預言者たちは、新約聖書の完成とともにその職務が終わりました。今は、完成された聖書のみことばを通して、未来に起ころうとしていることと救いのみわざを、キリストの教会が聖霊に満たされて、続けて語らなければなりません。

4. 真理に対する姿勢

　信仰の対象であり信仰生活の内容である真理に対する正しい姿勢は、純粋に信じることです。謙遜に学ぶことです。忠実に従うことです。真理に希望を置いて生きることです。真理は自分の力と知恵で証明するものではありません。なぜなら、真理によってすべてのものが正しく判断されるからです。この真理には教理的にアプローチしてはいけません。真理は教理ではないからです。この真理は、罪人の救いと幸福のために、永遠の真理であり、主権者である神から与えられた最高の贈り物だからです。私たちが、真理である神、イエス・キリスト、聖霊、みことば、福音、アガペーの愛を、教理ではなく真理として受け入れるとき、真理を信じるようになります。喜んで真理に従うようになります。真理を信じ、真理に従う人は、必ず真理の力を深く体験するようになります。

　　「また、あらゆる悪の欺きをもって、滅びる者たちに臨みます。彼らが滅びるのは、自分を救う真理を愛をもって（the love of the truth）受け入れなかったからです。それで神は、惑わす力を送られ、彼らは偽りを信じるようになります。それは、真理を信じないで、不義を喜んでいたすべての者が、さばかれるようになるためです。」　（テサロニケ人への手紙第二2:10-12）
　　「しかし、主に愛されている兄弟たち。私たちはあなたがたのことについて、いつも神に感謝しなければなりません。神が、御霊による聖別と、真理に対する信仰によって、あなたがたを初穂として救いに選ばれたからで

す。そのために神は、私たちの福音によってあなたがたを召し、私たちの
主イエス・キリストの栄光にあずからせてくださいました。」

（テサロニケ人への手紙第二2:13-14）

5. そそぎの油

　聖書には、そそぎの油の話しが書いてあります。このそそぎの油は職務と関
係があります。旧約時代に、祭司を任命するとき（出エジプト記28:41）、王を任
命するとき（列王記第一1:34、歴代誌第一11:3）、預言者を任命するとき（列王記第
一19:16）に彼らの上に油をそそぎました。また、そそぎの油は、聖霊、聖霊の
力と関係があります。

　　「**神**である主の霊がわたしの上にある。貧しい人に良い知らせを伝えるた
　　め、心の傷ついた者を癒やすため、**主**はわたしに油を注ぎ、わたしを遣わ
　　された。捕らわれ人には解放を、囚人には釈放を告げ……」

（イザヤ61:1、聖霊、聖霊の力）

　　「事実、ヘロデとポンティオ・ピラトは、異邦人たちやイスラエルの民と
　　ともに、あなたが油を注がれた、あなたの聖なるしもべイエスに逆らって
　　この都に集まり……」　　　　　（使徒の働き4:27、救い主に任命されたキリスト）

　　「私たちをあなたがたと一緒にキリストのうちに堅く保ち、私たちに油を
　　注がれた方は神です。神はまた、私たちに証印を押し、保証として御霊を
　　私たちの心に与えてくださいました。」

（コリント人への手紙第二1:21-22、聖霊）

　　「あなたがたには聖なる方からの注ぎの油があるので、みな真理を知って
　　います。」　　　　　　　　　　　　　　　　（ヨハネの手紙第一2:20、聖霊）

　　「しかし、あなたがたのうちには、御子から受けた注ぎの油がとどまって
　　いるので、だれかに教えてもらう必要はありません。その注ぎの油が、す
　　べてについてあなたがたに教えてくれます。それは真理であって偽りでは
　　ありませんから、あなたがたは教えられたとおり、御子のうちにとどまり
　　なさい。」

（ヨハネの手紙第一2:27、聖霊）

　特に、ヨハネの手紙第一2:20、27に「そそぎの油」という単語が書いてあります。この「そそぎの油（the anointing, chrisma）」は、「そそがれた油」、「油がそそがれた」という意味ですが、これは聖霊を意味します。聖霊であるそそぎの油は特別な人だけが受けるものではありません。20節と27節に書いてある「あなたがた」は、御子であるキリストを告白している人々、御父である神をもっている人々です。（参考：24節）このみことばのとおりに、救われた人々はだれでもそそぎの油を受けているのです。また、使徒ヨハネは27節で「キリストから受けたそそぎの油があなたがたのうちにとどまっています。それで、だれかに教えを受ける必要がありません」と教えています。このみことばの意味は何でしょうか。だれかに学ぶ必要がないということです。

　この「だれかに」は、「ある人たち（someone, tis）」を意味します。ここの「教える（didasko）」とは、単純に知識を伝えることではなく、恩師として知識と正しい生き方も教え、指導することを意味します。キリスト者の内に真の恩師であり、真理の御霊である聖霊がおられるので、反キリスト、惑わそうとする異端からは教えを受ける必要がないことを示しています。

　イエス・キリストは、「しかし、あなたがたは先生（Rabbi）と呼ばれてはいけません。あなたがたの教師（didaskalos, Teacher, Master）はただひとりしかなく、あなたがたはみな兄弟だからです」（マタイの福音書23:8）と言われました。ここの「先生（Rabbi、大いなる方）」とは、人々から認められ、尊敬されることを切に求める律法学者、パリサイ人を示しています。しかし、「教師（didaskalos, Teacher）」とは、一生涯教え、指導し、正しいところに導く恩師である神のことを示しています。イエスは、仕えられることと、認められることと、他の人より高くなることを切に求めている律法学者とパリサイ人に向かって、私たちの教師はただひとりしかないことと、私たちはみな神の前では兄弟であることを明確に示しました。

　また、27節に「その（キリストの）注ぎの油（聖霊）が、すべてについてあなたがたに教えてくれます。それは真理であって偽りではありませんから……」と書いてあります。ここの「すべて（all things）」は、私たちの救いと信仰生活に必要なすべてのことでしょう。すなわち福音の真理のことでしょう。

キリスト者の内におられる聖霊は、私たちの救いと信仰生活に必要なすべての
ことを教えてくださる真の恩師です。そそぎの油である聖霊は、私たちの永遠
の教師であり、恩師です。

結　　論

　真理の御霊である聖霊は、私たちを真理に導き入れます。永遠に変わらない
で、すべての人に利益だけ与える真理、すなわち神、イエス・キリスト、聖霊
ご自身、みことば、アガペーの愛、福音を深く悟るようにします。真理の力を
具体的に体験できるように私たちのうちで働いています。そそぎの油である聖
霊は、救いと信仰生活に必要なすべてのことを具体的に教えてくださる永遠の
恩師です。この聖霊の霊感と感動を受けた人々によって記録された神のみこと
ばを愛し、信頼し、みことばに従いながら生きることが、神とイエス・キリス
トと聖霊にとどまる生き方です。このように生きるとき、真理である神を知る
悟りが大きくなるでしょう。キリストを悟る喜びが深くなるでしょう。みこと
ばの力を具体的に味わうでしょう。愛に生きる感動が満ちあふれるでしょう。
人々を生かす福音を耐え忍びながら宣べ伝えるでしょう。私たちの内におられ
る真理の御霊が私たちを続けて真理に導き入れるでしょう。そそぎの油を絶え
ず慕い求める主の弟子になるでしょう。私たちの永遠の恩師である聖霊の教え
を続けて待ち望む主の弟子になるでしょう。
「おお、聖霊さま！　私を教えてください。導いてください。用いてくださ
い」と切に祈りましょう。

　　　「子どもたち。私たちは、ことばや口先だけではなく、行いと真実をもっ
　　　て愛しましょう。そうすることによって、私たちは自分が真理に属してい
　　　ることを知り、神の御前に心安らかでいられます。たとえ自分の心が責め
　　　たとしても、安らかでいられます。神は私たちの心よりも大きな方であり、
　　　すべてをご存じだからです。」　　　　　　　　（ヨハネの手紙第一3:18-20）

第 8 課　御霊の実

序　論

　キリスト者は、心の内に葛藤があります。それは、肉の欲に従おうとする古い自分と、御霊に従おうとする新しい自分が一緒に存在しているからです。古い人は、古い性質である肉の行いを結ぶようにします。新しい人は、新しい性質である御霊の実を結ぶようにします。この二つの性質の間でキリスト者が葛藤するのは当然のことです。どちらの性質に従うかによって、心の戦い、霊的な戦いに勝つか負けるかが決まります。聖書はこの戦いと葛藤について明確に教えています。

1. 古い人と肉の行い

　古い人とは、キリストと全く関係ないときの自分です。キリストの十字架と復活の意味を全く知らないときの自分です。キリスト者に内住している聖霊と聖霊の働きについて全く知らないときの自分です。古い性質である自分の肉の欲望に従い、肉の行いを結ぶときの自分です。人を生かす心より、汚す心をもっているときの自分です。この肉の欲望と行いは、いつも聖霊に逆らい、対立していますので、現れる実が全然違います。聖書はこの古い人と、その行いについて具体的に教えています。

　　「肉のわざは明らかです。すなわち、淫らな行い、汚れ、好色、偶像礼拝、魔術、敵意、争い、そねみ、憤り、党派心、分裂、分派、ねたみ、泥酔、遊興、そういった類のものです。以前にも言ったように、今もあなたがたにあらかじめ言っておきます。このようなことをしている者たちは神の国を相続できません。」
　　　　　　　　　　　　　　　　　　　　　　（ガラテヤ人への手紙5:19-21）
　　「ですから、地にあるからだの部分、すなわち、淫らな行い、汚れ、情欲、悪い欲、そして貪欲を殺してしまいなさい。貪欲は偶像礼拝です。これらのために、神の怒りが不従順の子らの上に下ります。あなたがたも以前は、そのようなものの中に生き、そのような歩みをしていました。しかし今は、

これらすべてを、すなわち、怒り、憤り、悪意、ののしり、あなたがたの口から出る恥ずべきことばを捨てなさい。互いに偽りを言ってはいけません。あなたがたは古い人をその行いとともに脱ぎ捨てて、新しい人を着たのです。新しい人は、それを造られた方のかたちにしたがって新しくされ続け、真の知識に至ります。」　　　　　　　　　（コロサイ人への手紙3:5-10）

「私たちは知っています。私たちの古い人がキリストとともに十字架につけられたのは、罪のからだが滅ぼされて、私たちがもはや罪の奴隷でなくなるためです。」　　　　　　　　　　　　　　　（ローマ人への手紙6:6）

「肉に従う者は肉に属することを考えますが、御霊に従う者は御霊に属することを考えます。肉の思いは死ですが、御霊の思いはいのちと平安です。なぜなら、肉の思いは神に敵対するからです。それは神の律法に従いません。いや、従うことができないのです。肉のうちにある者は神を喜ばせることができません。」　　　　　　　　　　（ローマ人への手紙8:5-8）

「ですから、兄弟たちよ、私たちには義務があります。肉に従って生きなければならないという、肉に対する義務ではありません。もし肉に従って生きるなら、あなたがたは死ぬことになります。しかし、もし御霊によってからだの行いを殺すなら、あなたがたは生きます。」

（ローマ人への手紙8:12-13）

「ただし、本当にあなたがたがキリストについて聞き、キリストにあって教えられているとすれば、です。真理はイエスにあるのですから。その教えとは、あなたがたの以前の生活について言えば、人を欺く情欲によって腐敗していく古い人を、あなたがたが脱ぎ捨てること、また、あなたがたが霊と心において新しくされ続け、真理に基づく義と聖をもって、神にかたどり造られた新しい人を着ることでした。」　　（エペソ人への手紙4:21-24）

「イエスはまた言われた。『人から出て来るもの、それが人を汚すのです。内側から、すなわち人の心の中から、悪い考えが出て来ます。淫らな行い、盗み、殺人、姦淫、貪欲、悪行、欺き、好色、ねたみ、ののしり、高慢、愚かさで、これらの悪は、みな内側から出て来て、人を汚すのです。』」

（マルコの福音書7:20-23）

このみことばの教えのとおりに、古い人の行いの共通分母は、自分中心です。自分の利益だけ求める利己主義です。神のご性質と対立しているこの行いは、人々を善と義、愛と聖のところではなく、必ず悪と罪のところに導きます。キリスト者は、古い人を脱ぎ捨てる決断が必要です。神のご性質を現す新しい人を身に着るべきです。そのとき、御霊の実を結ぶようになるからです。

2. 新しい人と御霊の実

　新しい人とは、キリストを信じる信仰によって生きる人です。聖霊の恵みによって、心の主人が自分からキリストに変わった人です。キリストの十字架と復活の意味を悟っている人です。古い自分を捨てて、キリストにあって、キリストのために、キリストの代わりに生きている人です。キリストの十字架の死とともに古い自分がなくなり、キリストの復活とともに新しい生き方をもって生きる人です。自分の利益より皆の利益を切に求める人です。この新しい人は、神のご性質である御霊の実を豊かに結ぶようになります。

　　「ですから、だれでもキリストのうちにあるなら、その人は新しく造られた者です。古いものは過ぎ去って、見よ、すべてが新しくなりました。」

（コリント人への手紙第二5:17）

　　「また、あなたがたが霊と心において新しくされ続け、真理に基づく義と聖をもって、神にかたどり造られた新しい人を着ることでした。」

（エペソ人への手紙4:23-24）

　　「新しい人を着たのです。新しい人は、それを造られた方のかたちにしたがって新しくされ続け、真の知識に至ります。そこには、ギリシア人もユダヤ人もなく、割礼のある者もない者も、未開の人も、スキタイ人も、奴隷も自由人もありません。キリストがすべてであり、すべてのうちにおられるのです。」

（コロサイ人への手紙3:10-11）

　　「ですから、あなたがたの死ぬべきからだを罪に支配させて、からだの欲望に従ってはいけません。また、あなたがたの手足を不義の道具として罪に献げてはいけません。むしろ、死者の中から生かされた者としてあなた

がた自身を神に献げ、また、あなたがたの手足を義の道具として神に献げなさい。罪があなたがたを支配することはないからです。あなたがたは律法の下にではなく、恵みの下にあるのです。」　（ローマ人への手紙6:12-14）

「しかし、御霊の実は、愛、喜び、平安、寛容、親切、善意、誠実、柔和、自制です。このようなものに反対する律法はありません。」

（ガラテヤ人への手紙5:22-23）

3. 御霊の実

キリストにある新しい人は、御霊に導かれ、御霊の実を豊かに結びます。聖書はこの御霊の実について具体的に教えています。

「しかし、御霊の実は、愛、喜び、平安、寛容、親切、善意、誠実、柔和、自制です。このようなものに反対する律法はありません。」

（ガラテヤ人への手紙5:22-23）

この御霊の実は、肉の行いとは反対です。この実は、自分と皆のために必要な実です。自分とすべての人に祝福を与える実です。この御霊の実（カルポス）は、単数です。それは、聖霊に満たされるとき、聖霊によって結ばれる実だからです。その実の現れは九つですが、同じ聖霊によるものですから、別々に存在せず、いつも支え合いながらともに存在するものです。写本によっては、自制の後に「聖潔（Holiness）」が書いてあります。23節の「このようなもの」を見れば、ここに書いてある九つの御霊の実は、重要な実ですが、全部ではないことが分かります。エペソ人への手紙5:9に「光の結ぶ実は、あらゆる善意と正義と真実なのです」というみことばがあります。ここに書いてある光の結ぶ実は、御霊の実と同じでしょう。御霊の実の現れはいろいろありますが御霊の実は単数です。その理由は、「実」ということばが「たとえ」として用いられているからです。御霊の実は、目に見える果物を示すのではなく、聖霊によって現れる生き方を示しています。このように、実が「たとえ」として用いられるときには、多くの場合、単数が使われています。

「ではそのころ、あなたがたはどんな実を得ましたか。今では恥ずかしく思っているものです。それらの行き着くところは死です。」

「しかし今は、罪から解放されて神の奴隷となり、聖潔に至る実を得ています。その行き着くところは永遠のいのちです。」

（ローマ人への手紙6:22、聖潔に至る実）

「あらゆる善意と正義と真実のうちに、光は実を結ぶのです。」

（エペソ人への手紙5:9、光の結ぶ実）

「イエス・キリストによって与えられる義の実に満たされて、神の栄光と誉れが現されますように。」 （ピリピ人への手紙1:11、義の実）

「それなら、私たちはイエスを通して、賛美のいけにえ、御名をたたえる唇の果実を、絶えず神にささげようではありませんか。」

（ヘブル人への手紙13:15、唇の果実）

4. 御霊の実の種類

　御霊の実はいろいろあります。特に、ガラテヤ人への手紙5:22、23には、九つの御霊の実の種類が書いてあります。

1）愛（love）

　愛（agape）は、自分の利益を求めず、相手の利益を求める無条件的な愛です。この愛は三位一体の神の本質です。神はこの愛をキリストを通して人々に示してくださいました。また、この愛は、キリストの生き方であり、教えであり、遺言であり、戒めであり、命令であり、いちばん優れている賜物でもあります。この愛に生きるためには、私たちが本質が愛である神を心を尽くし、思いを尽くし、知力を尽くして愛することが大事です。自分の栄光を求めず、神の栄光を求め、神のみことばに従って生きることが大切です。自分を捨て、自分の十字架を負い、キリストについて行く信仰が必要です。このように生きるとき結ばれる実が愛です。

「わたしはあなたがたに新しい戒めを与えます。互いに愛し合いなさい。わたしがあなたがたを愛したように、あなたがたも互いに愛し合いなさい。」
(ヨハネの福音書13:34)

「礼儀に反することをせず、自分の利益を求めず、苛立たず、人がした悪を心に留めず……」
(コリント人への手紙第一13:5)

2) 喜び（joy）

　喜び（chara）は、神との正しい関係をもつとき、神から与えられる恵みです。この喜びは、神の性質であり、神からの贈り物です。キリストは、いつも神との正しい関係をもっていたので、霊的な喜びがありました。また、この喜びを弟子たちに与えることができました。どんなものも、神との正しい関係から来るこの喜びを奪うことはできません。この喜びに生きるためには、私たちが喜びの源である神を喜びながら生きることが大事です。どんなことがあっても神との正しい関係をもって聖く生きることが大切です。このように生きるとき結ばれる実が喜びです。

「ちょうどそのとき、イエスは聖霊によって喜びにあふれて言われた。『天地の主であられる父よ、あなたをほめたたえます。あなたはこれらのことを、知恵ある者や賢い者には隠して、幼子たちに現してくださいました。そうです、父よ、これはみこころにかなったことでした。』」
(ルカの福音書10:21)

「わたしの喜びがあなたがたのうちにあり、あなたがたが喜びで満ちあふれるようになるために、わたしはこれらのことをあなたがたに話しました。」
(ヨハネの福音書15:11)

3) 平安（peace）

　平安（eirene）は、互いに一つになることです。三位一体の神は、三つの人格があってもいつも一体となって働いておられる平安の神です。この平安は三位一体の神の性質です。この平安も正しい関係をもつとき与えられる神の恵み

です。神との正しい関係をもつとき、神との平安が与えられるでしょう。自分との正しい関係をもつとき、自分との平安が与えられるでしょう。他人との正しい関係をもつとき、他人との平安が与えられるでしょう。正しい関係が崩れ、互いの間に罪が入ると、真の平安がなくなります。この平安がなくなると、自分の尊さも他人の尊さも分からなくなります。この平安に生きるためには、互いに正しい関係をもって生きることが大事です。罪があれば罪を素直に告白し、悔い改めて、関係を回復することが大切です。このように生きるとき結ばれる実が平安です。

> 「わたしはあなたがたに平安を残します。わたしの平安を与えます。わたしは、世が与えるのと同じようには与えません。あなたがたは心を騒がせてはなりません。ひるんではなりません。」　　　（ヨハネの福音書14:27）
> 「これらのことをあなたがたに話したのは、あなたがたがわたしにあって平安を得るためです。世にあっては苦難があります。しかし、勇気を出しなさい。わたしはすでに世に勝ちました。」　　　（ヨハネの福音書16:33）
> 「こうして、私たちは信仰によって義と認められたので、私たちの主イエス・キリストによって、神との平和を持っています。」
> 　　　　　　　　　　　　　　　　　　　　　　　（ローマ人への手紙5:1）
> 「肉の思いは死ですが、御霊の思いはいのちと平安です。」
> 　　　　　　　　　　　　　　　　　　　　　　　（ローマ人への手紙8:6）

4) 寛容（long suffering）

　寛容（makrothumia）は、真理のために受ける様々な苦しみ、迫害、患難などを耐え忍ぶことです。また、相手の問題と弱さを見るとき失望しないで耐え忍ぶことです。この寛容も三位一体の神の性質です。特に、キリストはこの世で、この寛容を最後の最後まで示してくださいました。辛いときも、裏切られたときも、捨てられたときも、無視されたときも、すべてのことを神にゆだねて待っていました。神の時と約束を待ち望みながらがまんしました。十字架の苦しみも忍びました。この寛容に生きるためには、私たちがキリストのように、苦しいときにつぶやかないで、神の約束とみことばを信じて生きることが大事

です。苦しみの後に来る神の栄光を待ち望みながら耐え忍ぶことが大切です。このように生きるとき結ばれる実が寛容です。

　　「すべてを耐え、すべてを信じ、すべてを望み、すべてを忍びます。」
　　　　　　　　　　　　　　　　　　　　　　　（コリント人への手紙第一13:7）
　　「信仰の創始者であり完成者であるイエスから、目を離さないでいなさい。この方は、ご自分の前に置かれた喜びのために、辱めをものともせずに十字架を忍び、神の御座の右に着座されたのです。」　（ヘブル人への手紙12:2）
　　「罪を犯して打ちたたかれ、それを耐え忍んでも、何の誉れになるでしょう。しかし、善を行って苦しみを受け、それを耐え忍ぶなら、それは神の御前に喜ばれることです。」　　　　　　　　　（ペテロの手紙第一2:20）
　　「私の兄弟たち。様々な試練にあうときはいつでも、この上もない喜びと思いなさい。あなたがたが知っているとおり、信仰が試されると忍耐が生まれます。その忍耐を完全に働かせなさい。そうすれば、あなたがたは何一つ欠けたところのない、成熟した、完全な者となります。」
　　　　　　　　　　　　　　　　　　　　　　　　　　　（ヤコブの手紙1:2-4）

5) 親切（kindness）

　親切（chrestotes）は、相手の立場を理解しようとしているあわれみです。このあわれみは三位一体の神の性質です。特に、キリストは罪人にこのあわれみを具体的に示してくださいました。相手を理解することは、相手の下に立つ（understand）ことです。相手の下に立つとき、相手に耳を傾けることができます。相手に耳を傾けるとき、聖霊の助けによって相手を理解するようになります。相手に仕えるようになります。相手に良い姿勢、親切を現すようになります。心から相手をあわれむようになります。この親切に生きるためには、私たちが主から頂いた赦しとあわれみ、救いと愛を覚えることが大事です。自尊心を捨て、キリストにあって相手を見る姿勢をもつことが大切です。このように生きるとき結ばれる実が親切です。

　　「あなたがたの父があわれみ深いように、あなたがたも、あわれみ深くな

りなさい。」 (ルカの福音書6:36)

「見なさい。耐え忍んだ人たちは幸いだと私たちは思います。あなたがた
はヨブの忍耐のことを聞き、主によるその結末を知っています。主は慈愛
に富み、あわれみに満ちておられます。」 (ヤコブの手紙5:11)

6) 善意 (goodness)

善意 (agathosune) は、良いものを互いに分け合うことです。財産 (goods)
までも分け合うことができる交わりです。聖霊に満たされている初代教会は、
この善意の実を結んでいる人々がいましたので真の交わりをもつことができま
した。自分のすべてのものが神のものであることを信じて、必要に応じて、そ
れを他の人々と分け合うことができました。これが善意であり、交わりです。
この善意に生きるためには、私たちが聖霊に満たされて生きることが大事です。
自分と自分のすべてのものが神から委託されている神のものであることを知る
ことが大切です。このように生きるとき結ばれる実が善意です。

> 「信者となった人々はみな一つになって、一切の物を共有し、財産や所有
> 物を売っては、それぞれの必要に応じて、皆に分配していた。」
>
> (使徒の働き2:44-45)
>
> 「さて、信じた大勢の人々は心と思いを一つにして、だれ一人自分が所有
> しているものを自分のものと言わず、すべてを共有していた。使徒たちは、
> 主イエスの復活を大きな力をもって証しし、大きな恵みが彼ら全員の上に
> あった。彼らの中には、一人も乏しい者がいなかった。地所や家を所有し
> ている者はみな、それを売り、その代金を持って来て、使徒たちの足もと
> に置いた。その金が、必要に応じてそれぞれに分け与えられたのであっ
> た。」
>
> (使徒の働き4:32-35)
>
> 「私の兄弟たちよ。あなたがた自身、善意にあふれ、あらゆる知識に満た
> され、互いに訓戒し合うことができると、この私も確信しています。」
>
> (ローマ人への手紙15:14)
>
> 「あなたがたは以前は闇でしたが、今は、主にあって光となりました。光
> の子どもとして歩みなさい。あらゆる善意と正義と真実のうちに、光は実

を結ぶのです。」　　　　　　　　　　　　　　　（エペソ人への手紙5:8-9）

7) 誠実 (faithfulness)

　誠実 (pistis) は、最後まで変わらないで、信仰をしっかり保つことです。どんなことがあっても、神を信頼しながら神の前で真実に生きる信仰です。いつまでも変わらないこの誠実は、三位一体の神の性質です。キリストは、この世でこの本質を具体的に示してくださいました。この誠実に生きるためには、人が見ても、見なくても、神の前で生きることが大事です。どんなに小さいことにも忠実であることが大切です。人を恐れないで神のみを恐れながら生きる信仰が必要です。このように生きるとき結ばれる実が誠実です。

　　「最も小さなことに忠実な人は、大きなことにも忠実であり、最も小さな
　　ことに不忠実な人は、大きなことにも不忠実です。」　（ルカの福音書16:10）
　　「人は私たちをキリストのしもべ、神の奥義の管理者と考えるべきです。
　　その場合、管理者に要求されることは、忠実だと認められることです。」
　　　　　　　　　　　　　　　　　　　　（コリント人への手紙第一4:1-2）
　　「あなたが受けようとしている苦しみを、何も恐れることはない。見よ。
　　悪魔は試すために、あなたがたのうちのだれかを牢に投げ込もうとしてい
　　る。あなたがたは十日の間、苦難にあう。死に至るまで忠実でありなさい。
　　そうすれば、わたしはあなたにいのちの冠を与える。」（ヨハネの黙示録2:10）

8) 柔和 (gentleness)

　柔和 (prautes) は、どんな害を受けても相手に復讐しないで、神からの報いと慰めを待ち望む謙遜な心です。相手からののしられてものしり返さず、苦しめられても脅すことをせず、正しくさばかれる神に任せる心です。この柔和も三位一体の神の性質です。キリストは、このような生き方をこの世で具体的に示してくださいました。この柔和に生きるためには、私たちが高ぶらないで、いつも神の前で謙遜に生きることが大事です。自分に害を与える人に復讐しないで、神からの報いを求めながら生きることが大切です。このように生きるとき結ばれる実が柔和です。

> 「わたしは心が柔和でへりくだっているから、あなたがたもわたしのくびきを負って、わたしから学びなさい。そうすれば、たましいに安らぎを得ます。」
> (マタイの福音書11:29)

> 「ののしられても、ののしり返さず、苦しめられても、脅すことをせず、正しくさばかれる方にお任せになった。」
> (ペテロの手紙第一2:23)

9) 自制 (self-control)

自制 (enkrateia) は、自分自身を正しく管理することです。自分の時間も、物質も、感情も、心も、霊性も、食欲も、情欲も正しくコントロールすることです。これらのものを正しくコントロールすればするほど、自分の人格、信仰、愛も、聖さのレベルが高くなっていきます。キリストは、この世で自制の生き方を具体的に示してくださいました。この自制に生きるためには、私たちが神の栄冠を得る目標を目指して、一心に走ることが大事です。信仰生活に妨げになるものを捨てることが大切です。自分に与えられているすべてのものを正しく管理しながら生きることが必要です。このように生きるとき結ばれる実が自制です。

> 「競技をする人は、あらゆることについて節制します。彼らは朽ちる冠を受けるためにそうするのですが、私たちは朽ちない冠を受けるためにそうするのです。」
> (コリント人への手紙第一9:25)

> 「兄弟たち。私は、自分がすでに捕らえたなどと考えてはいません。ただ一つのこと、すなわち、うしろのものを忘れ、前のものに向かって身を伸ばし、キリスト・イエスにあって神が上に召してくださるという、その賞をいただくために、目標を目指して走っているのです。」
> (ピリピ人への手紙3:13-14)

5. 御霊の実を結ぶ生き方

1) 御霊によって生きることです。

　御霊の実は、自分で作るものではありません。御霊の働きによって結ばれる実です。キリスト者の内に内住している聖霊によって生きるとき結ばれるものです。御霊によって導かれるとき結ばれる実です。生きることは能動態表現であり、導かれることは受動態表現です。御霊に生きることは、自分の意思、感情、経験、心が聖霊より先に走らないで、後ろについて行き、一瞬一瞬聖霊に拠り頼みながら生きることです。聖霊の霊感によって記録されたみことばに従って生きることです。このように生きるとき自然に結ばれる実が御霊の実です。

> 　「私は言います。御霊によって歩みなさい。そうすれば、肉の欲望を満たすことは決してありません。」　　　　　　　（ガラテヤ人への手紙5:16）
> 　「私たちは、御霊によって生きているのなら、御霊によって進もうではありませんか。うぬぼれて、互いに挑み合ったり、ねたみ合ったりしないようにしましょう。」　　　　　　　（ガラテヤ人への手紙5:25-26）

2) キリストとみことばにとどまることです。

　御霊の実は、キリストと深い関係があります。聖霊を遣わしてくださったキリストにとどまるとき、キリストのみことばに従うとき、自然に結ばれる実です。キリストに選ばれ、キリストのものとして任命された目的をしっかり覚えながら生きるとき、自然に結ばれる実です。キリストは、いつも聖霊に満たされていたので、御霊の実を豊かに結んでいました。私たちがいつもキリストを仰ぎ見ながらキリストから離れないでキリストにとどまり、みことば中心に生きるとき、自然に結ばれる実が御霊の実です。

> 　「わたしにとどまりなさい。わたしもあなたがたの中にとどまります。枝がぶどうの木にとどまっていなければ、自分では実を結ぶことができない

のと同じように、あなたがたもわたしにとどまっていなければ、実を結ぶ
ことはできません。わたしはぶどうの木、あなたがたは枝です。人がわた
しにとどまり、わたしもその人にとどまっているなら、その人は多くの実
を結びます。わたしを離れては、あなたがたは何もすることができないの
です。わたしにとどまっていなければ、その人は枝のように投げ捨てられ
て枯れます。人々がそれを集めて火に投げ込むので、燃えてしまいま
す。」 (ヨハネの福音書15:4-6)

「あなたがたがわたしを選んだのではなく、わたしがあなたがたを選び、
あなたがたを任命しました。それは、あなたがたが行って実を結び、その
実が残るようになるため、また、あなたがたがわたしの名によって父に求
めるものをすべて、父が与えてくださるようになるためです。」

(ヨハネの福音書15:16)

3) 古い自分が死ぬことです。

自分の肉の欲に従う古い人は、御霊の実を結ぶことができません。肉の欲に
従うことは、自分中心に生きることです。相手の利益を求めず、自分の利益を
求めることです。古い自分が死ぬことは、キリストの十字架と共に罪に死に、
キリストの復活と共に新しい自分に変えられることです。このとき、自分中心
の生き方からキリスト中心の生き方に変わります。人々の代わりに十字架を負
ってくださったキリストのように、他の人の重荷を負う人に変えられます。古
い自分が死ねば死ぬほど自然に結ばれる実が御霊の実です。

「まことに、まことに、あなたがたに言います。一粒の麦は、地に落ちて
死ななければ、一粒のままです。しかし、死ぬなら、豊かな実を結びま
す。」 (ヨハネの福音書12:24)

4) 御霊のために種を蒔くことです。

御霊のために種を蒔くことは、神のご性質を行うことです。決して自分のた
めに種を蒔くことではありません。御霊の実を結ぶために信仰の種を蒔くこと
です。蒔かれた種が実を結ぶまでは時間と管理と努力が必要です。自分の肉の

欲と戦う信仰も必要です。生きている種を蒔いて、失望せずにいれば、刈り取るときが必ず来ます。これは自然の法則です。種蒔きがなければ刈り取ることもできません。大切なことは、御霊のために、いつも信仰の種を蒔くことです。神のご性質を行うことです。そうすれば、自然に結ばれる実が御霊の実です。

「思い違いをしてはいけません。神は侮られるような方ではありません。人は種を蒔けば、刈り取りもすることになります。自分の肉に蒔く者は、肉から滅びを刈り取り、御霊に蒔く者は、御霊から永遠のいのちを刈り取るのです。失望せずに善を行いましょう。あきらめずに続ければ、時が来て刈り取ることになります。ですから、私たちは機会があるうちに、すべての人に、特に信仰の家族に善を行いましょう。」

（ガラテヤ人への手紙6:7-10）

「涙とともに種を蒔く者は　喜び叫びながら刈り取る。種入れを抱え　泣きながら出て行く者は　束を抱え　喜び叫びながら帰って来る。」

（詩篇126:5-6）

結　論

　助け主であり神である聖霊が主の民に臨まれるとき、彼らは力を受けます。その聖霊の力が彼らの内側で働くときには、御霊の実を結ぶようになります。彼らの外側で働くときには、キリストの証人として福音を宣べ伝えるようになります。初代教会は、主の民の内側と外側で働く聖霊の力を具体的に体験しました。すなわち、御霊の実を結びながら厳しい環境の中でもキリストを大胆に語りました。今日の教会に何よりも必要なものは、教会が絶えず聖霊に拠り頼む信仰を回復し、聖霊の力によって御霊の実を豊かに結び、いのちの福音を勇敢に宣べ伝えることです。

「なぜなら、神の国は食べたり飲んだりすることではなく、聖霊による義と平和と喜びだからです。このようにキリストに仕える人は、神に喜ばれ、人々にも認められるのです。」（ローマ人への手紙14:17-18）

149

第9課　聖霊の導き

序　論

　聖徒たちは、一瞬一瞬神の導きを切に求めながら生きることが大事です。本質が愛である神は、ご自分の子どもたちをいつも良いところに導いてくださるからです。預言者イザヤは、「**主**は絶えずあなたを導いて、焼けつく土地でも食欲を満たし、骨を強くする。あなたは、潤された園のように、水の涸れない水源のようになる」（イザヤ書58:11）と語りました。この教えのように、三位一体の神（父なる神、子なるキリスト、助け主なる聖霊）は、良い牧者がご自分の羊の群れをいちばん安全なところに導いてくださるように、ご自分の民を必ず良いところ、正しいところ、神が喜ばれるところに導いてくださる導き主です。

1. 主の民を導いてくださる三位一体の神

　父なる神、子なるキリスト、助け主なる聖霊は、いつも一体となってご自分の民を導いておられます。この奥義と事実を知れば知るほど、私たちの信仰生活は楽しくなります。神を信頼し、従うことが重荷ではなく喜びになります。

1) 父なる神の導き

> 「そして私はひざまずき、**主**を礼拝し、私の主人アブラハムの神、**主**をほめたたえました。主は、私の主人の親族の娘さんを主人の息子に迎えるために、私を確かな道に導いてくださったのです。」
> （創世記24:48）
> 「あなたが贖われたこの民を、あなたは恵みをもって導き、御力をもって、あなたの聖なる住まいに伴われた。」
> （出エジプト記15:13）
> 「わたしは、あなたがたの神となるために、あなたがたをエジプトの地から導き出した**主**であるからだ。あなたがたは聖なる者とならなければならない。わたしが聖だからである。」
> （レビ記11:45）
> 「主は私を広いところに連れ出し、私を助け出されました。主が私を喜びとされたからです。」
> （サムエル記第二22:20）

「主は私を緑の牧場に伏させ　いこいのみぎわに伴われます。主は私のたましいを生き返らせ　御名のゆえに 私を義の道に導かれます。」

（詩篇23:2-3）

「私は あなたが行く道で　あなたを教え あなたを諭そう。あなたに目を留め 助言を与えよう。」

（詩篇32:8）

「**主**は絶えずあなたを導いて、焼けつく土地でも食欲を満たし、骨を強くする。あなたは、潤された園のように、水の涸れない水源のようになる。」

（イザヤ書58:11）

「それとも、神のいつくしみ深さがあなたを悔い改めに導くことも知らないで、その豊かないつくしみと忍耐と寛容を軽んじているのですか。」

（ローマ人への手紙2:4）

「あなたがたが経験した試練はみな、人の知らないものではありません。神は真実な方です。あなたがたを耐えられない試練にあわせることはなさいません。むしろ、耐えられるように、試練とともに脱出の道も備えていてくださいます。」

（コリント人への手紙第一10:13）

「あらゆる恵みに満ちた神、すなわち、あなたがたをキリストにあって永遠の栄光の中に招き入れてくださった神ご自身が、あなたがたをしばらくの苦しみの後で回復させ、堅く立たせ、強くし、不動の者としてくださいます。」

（ペテロの手紙第一5:10）

2) 子なるキリストの導き

「門番は牧者のために門を開き、羊たちはその声を聞き分けます。牧者は自分の羊たちを、それぞれ名を呼んで連れ出します。」（ヨハネの福音書10:3）

「わたしにはまた、この囲いに属さないほかの羊たちがいます。それらも、わたしは導かなければなりません。その羊たちはわたしの声に聞き従います。そして、一つの群れ、一人の牧者となるのです。」

（ヨハネの福音書10:16）

「わたしが行って、あなたがたに場所を用意したら、また来て、あなたがたをわたしのもとに迎えます。わたしがいるところに、あなたがたもいるようにするためです。」

（ヨハネの福音書14:3）

153

「キリストも一度、罪のために苦しみを受けられました。正しい方が正しくない者たちの身代わりになられたのです。それは、肉においては死に渡され、霊においては生かされて、あなたがたを神に導くためでした。」

（ペテロの手紙第一3:18）

「御座の中央におられる子羊が彼らを牧し、いのちの水の泉に導かれる。また、神は彼らの目から涙をことごとくぬぐい取ってくださる。」

（ヨハネの黙示録7:17）

3) 助け主である聖霊の導き

「それからすぐに、御霊はイエスを荒野に追いやられた。イエスは四十日間荒野にいて、サタンの試みを受けられた。イエスは野の獣とともにおられ、御使いたちが仕えていた。」
（マルコの福音書1:12-13）

「さて、イエスは聖霊に満ちてヨルダンから帰られた。そして御霊によって荒野に導かれ、四十日間、悪魔の試みを受けられた。その間イエスは何も食べず、その期間が終わると空腹を覚えられた。」　（ルカの福音書4:1-2）

「しかし、その方、すなわち真理の御霊が来ると、あなたがたをすべての真理に導いてくださいます。御霊は自分から語るのではなく、聞いたことをすべて語り、これから起こることをあなたがたに伝えてくださいます。」

（ヨハネの福音書16:13）

「それから彼らは、アジアでみことばを語ることを聖霊によって禁じられたので、フリュギア・ガラテヤの地方を通って行った。こうしてミシアの近くまで来たとき、ビティニアに進もうとしたが、イエスの御霊がそれを許されなかった。」
（使徒の働き16:6-7）

2. 聖霊に導かれる意味

聖霊の導きは、信仰生活において本当に大切です。悟らなければならない、体験しなければならない大切な内容です。キリスト者の内に住んでおられる聖霊は、何もせずに黙っているのではありません。彼らを真理と、神が喜ばれるところと、神の国まで導いてくださいます。聖霊に導かれる人は、自分が神の

子どもであること、神の愛の対象であること、神の守りを受けていること、律法の下ではなく恵みの下にいることを正しく悟るようになります。

> 「私は言います。御霊によって歩みなさい。そうすれば、肉の欲望を満たすことは決してありません。肉が望むことは御霊に逆らい、御霊が望むことは肉に逆らうからです。この二つは互いに対立しているので、あなたがたは願っていることができなくなります。御霊によって導かれているなら、あなたがたは律法の下にはいません。」　　　（ガラテヤ人への手紙5:16-18）
> 「私たちは、御霊によって生きているのなら、御霊によって進もうではありませんか。うぬぼれて、互いに挑み合ったり、ねたみ合ったりしないようにしましょう。」　　　（ガラテヤ人への手紙5:25-26）
> 「神の御霊に導かれる人はみな、神の子どもです。」（ローマ人への手紙8:14）

　特にガラテヤ人への手紙5:16には、「御霊によって歩みなさい」と書いてあります。これは「御霊によって導かれる」ことを能動態で表現している内容です。すなわち、聖霊が前で導き、主の民はその後ろについて行くことです。これが御霊によって導かれることであり、御霊によって歩むことです。ガラテヤ人への手紙5:25には、「私たちは、御霊によって生きているのなら、御霊によって進もうではありませんか」と書いてあります。このみことばのとおりに、キリスト者は聖霊の内住とともに「御霊によって生きる存在」であり、「御霊に導かれ、御霊によって進む存在」です。特に25節の動詞、「進もう（ストイケオ）」の意味は、「列に従ってついて行く、後ろの人が前の人について行く」ことです。これは、私たちがどんな状況に置かれても、聖霊の後ろについて行くこと、聖霊より先に進んではいけないことを明確に教えている内容です。

3. 雲の柱と火の柱の導き

　出エジプト時代では、雲の柱と火の柱がイスラエルの民に現れて、彼らを守り、導き、照らしてくださいました。この雲の柱と火の柱は、聖霊を象徴しています。なぜなら、この雲の柱と火の柱は、神の臨在と栄光を現しています。

もちろん三位一体の神の観点から見れば、神の民を導くのは父なる神の働きでも、子なるキリストの働きでも、助け主である聖霊の働きでもあります。

　「谷に下る家畜のように、**主**の御霊が彼らを憩わせた。このようにして、あなたはご自分の民を導き、ご自分のために輝かしい名を成されました。」
（イザヤ書63:14）

　「**主**は、昼は、途上の彼らを導くため雲の柱の中に、また夜は、彼らを照らすため火の柱の中にいて、彼らの前を進まれた。彼らが昼も夜も進んで行くためであった。昼はこの雲の柱が、夜はこの火の柱が、民の前から離れることはなかった。」
（出エジプト記13:21-22）

　「イスラエルの陣営の前を進んでいた神の使いは、移動して彼らのうしろを進んだ。それで、雲の柱は彼らの前から移動して彼らのうしろに立ち、エジプトの陣営とイスラエルの陣営の間に入った。それは真っ暗な雲であった。それは夜を迷い込ませ、一晩中、一方の陣営がもう一方に近づくことはなかった。」
（出エジプト記14:19-20）

　「朝の見張りのころ、**主**は火と雲の柱の中からエジプトの陣営を見下ろし、エジプトの陣営を混乱に陥れ、戦車の車輪を外してその動きを阻んだ。それでエジプト人は言った。『イスラエルの前から逃げよう。**主**が彼らのためにエジプトと戦っているのだ。』」
（出エジプト記14:24-25）

　「**主**の栄光はシナイ山の上にとどまり、雲は六日間、山をおおっていた。七日目に主は雲の中からモーセを呼ばれた。**主**の栄光の現れは、イスラエルの子らの目には、山の頂を焼き尽くす火のようであった。」
（出エジプト記24:16-17）

　「イスラエルの子らは、旅路にある間、いつも雲が幕屋から上ったときに旅立った。雲が上らないと、上る日まで旅立たなかった。旅路にある間、イスラエルの全家の前には、昼は**主**の雲が幕屋の上に、夜は雲の中に火があった。」
（出エジプト記40:36-38）

　「幕屋が設営された日、雲が、あかしの天幕である幕屋をおおった。それは、夕方には幕屋の上にあって朝まで火のようであった。いつもこのようであって、昼は雲がそれをおおい、夜は火のように見えた。いつでも雲が

天幕から上るときには、その後でイスラエルの子らは旅立った。また、雲がとどまるその場所で、イスラエルの子らは宿営した。主の命によりイスラエルの子らは旅立ち、主の命により宿営した。雲が幕屋の上にとどまっている間、彼らは宿営した。」
（民数記9:15-18）

「事実、住民たちは聞いています。あなた、主がこの民のうちにおられ、あなた、主が目の当たりにご自身を現されること、またあなたの雲が彼らの上に立ち、あなたが昼は雲の柱、夜は火の柱の内にあって、彼らの前を歩んでおられることを。」
（民数記14:14）

「昼は雲の柱の中にあって彼らを導き、夜は火の柱の中にあってその行くべき道を照らされました。」
（ネヘミヤ記9:12）

「昼は雲で彼らを導かれた。夜は 夜通し炎の光で。」
（詩篇78:14）

　イスラエルの民が、約束されたカナンの地に入ったとき、この雲の柱と火の柱はなくなったでしょうか。もちろん、消えてしまいましたが、完全になくなったのではありません。イスラエルの民がカナンの地に入ってから約440年後、ソロモンの神殿が完成したとき、再び現れました。

「祭司たちが聖所から出て来たとき、雲が主の宮に満ちた。祭司たちは、その雲のために、立って仕えることができなかった。主の栄光が主の宮に満ちたからである。」
（列王記第一8:10-11）

「ラッパを吹き鳴らす者たち、歌い手たちが、まるで一人のように一致して歌声を響かせ、主を賛美し、ほめたたえた。そして、ラッパとシンバルと様々な楽器を奏でて声をあげ、『主はまことにいつくしみ深い。その恵みはとこしえまで』と主に向かって賛美した。そのとき、雲がその宮、すなわち主の宮に満ちた。祭司たちは、その雲のために、立って仕えることができなかった。主の栄光が神の宮に満ちたからである。」
（歴代誌第二5:13-14）

「ソロモンが祈り終えると、天から火が下って来て、全焼のささげ物と数々のいけにえを焼き尽くし、主の栄光がこの宮に満ちた。祭司たちは主の宮に入ることができなかった。主の栄光が主の宮に満ちたからである。

イスラエルのすべての人々は、火が下り、**主**の栄光がこの宮の上に現れたのを見て、膝をかがめて顔を地面の敷石に付け、伏し拝んで、『**主**はまことにいつくしみ深い。その恵みはとこしえまで』と**主**をほめたたえた。」

（歴代誌第二7:1-3）

　ソロモンの神殿に現れた雲と火を通して、その時代の神の民は神の栄光と臨在を見ることができました。しかし、神の臨在と栄光を象徴するこの雲と火も、その後、消えてしまいましたが、完全になくなったのではありません。この雲と火は、キリストのからだの中に満ちあふれていました。なぜなら、キリストのからだが神殿だったからです。神の神殿であるキリストのからだの中には神の御霊が満ちあふれていました。

「イエスは彼らに答えられた。『この神殿を壊してみなさい。わたしは、三日でそれをよみがえらせる。』そこで、ユダヤ人たちは言った。『この神殿は建てるのに四十六年かかった。あなたはそれを三日でよみがえらせるのか。』しかし、イエスはご自分のからだという神殿について語られたのであった。」

（ヨハネの福音書2:19-21）

「神が遣わした方は、神のことばを語られる。神が御霊を限りなくお与えになるからである。」

（ヨハネの福音書3:34）

「それは、ナザレのイエスのことです。神はこのイエスに聖霊と力によって油を注がれました。イエスは巡り歩いて良いわざを行い、悪魔に虐げられている人たちをみな癒やされました。それは神がイエスとともにおられたからです。」

（使徒の働き10:38）

「ことばは人となって、私たちの間に住まわれた。私たちはこの方の栄光を見た。父のみもとから来られたひとり子としての栄光である。この方は恵みとまことに満ちておられた。」

（ヨハネの福音書1:14）

「**神**である主の霊がわたしの上にある。貧しい人に良い知らせを伝えるため、心の傷ついた者を癒やすため、**主**はわたしに油を注ぎ、わたしを遣わされた。捕らわれ人には解放を、囚人には釈放を告げ、**主**の恵みの年、われらの神の復讐の日を告げ、すべての嘆き悲しむ者を慰めるために。」

（イザヤ書61:1-2）

　「私は、この都の中に神殿を見なかった。全能の神である主と子羊が、都の神殿だからである。」　　　　　　　　　　（ヨハネの黙示録21:22）

　このように、真の神殿であるキリストは神の臨在と栄光を現す聖霊に満ちあふれて、天国の福音を宣べ伝え、真理を教え、病んでいる人々を癒やしてくださいました。それでは、今日の神殿はどこにあるでしょう。キリストを信じて救われているキリスト者のからだが神の神殿です。昔あった木と石で作った神殿はなくなりましたが、聖霊が宿っている聖徒のからだが神殿です。神殿は聖霊が宿っているところであり、住んでいるところです。荒野で40年間イスラエルの民を導いてくださった雲と火の柱、ソロモンの神殿に現れた雲と火、キリストに満ちあふれた聖霊は、今も聖徒のからだに宿っているのです。何と素晴らしい奥義でしょう。その恵みを覚えて神に永遠に感謝と栄光、賛美と礼拝をささげましょう。私たちが神の宮、神の神殿として忠実に生きるならば、聖霊が絶えず神が喜ばれるところに導いてくださるでしょう。

　「あなたがたは、自分が神の宮であり、神の御霊が自分のうちに住んでおられることを知らないのですか。」　　　　（コリント人への手紙第一3:16）

　「あなたがたは知らないのですか。あなたがたのからだは、あなたがたのうちにおられる、神から受けた聖霊の宮であり、あなたがたはもはや自分自身のものではありません。」　　　　　（コリント人への手紙第一6:19）

　「神の宮と偶像に何の一致があるでしょう。私たちは生ける神の宮なのです。神がこう言われるとおりです。『わたしは彼らの間に住み、また歩む。わたしは彼らの神となり、彼らはわたしの民となる。それゆえ、彼らの中から出て行き、彼らから離れよ。── 主は言われる ── 汚れたものに触れてはならない。そうすればわたしは、あなたがたを受け入れ、わたしはあなたがたの父となり、あなたがたはわたしの息子、娘となる。全能の主は言われる。』」　　　　　　（コリント人への手紙第二6:16-18）

　「このキリストにあって、建物の全体が組み合わされて成長し、主にある聖なる宮となります。あなたがたも、このキリストにあって、ともに築き

上げられ、御霊によって神の御住まいとなるのです。」

（エペソ人への手紙2:21-22）

「もはや私が生きているのではなく、キリストが私のうちに生きておられるのです。今私が肉において生きているいのちは、私を愛し、私のためにご自分を与えてくださった、神の御子に対する信仰によるのです。」

（ガラテヤ人への手紙2:20）

4. 御霊に導かれる人が味わう祝福

1) 神との交わりが深くなります。

　いつでも神を「アバ、父」と呼び、神との親しい交わりができることは、どんなに大きな特権であり、祝福でしょう。

「神の御霊に導かれる人はみな、神の子どもです。あなたがたは、人を再び恐怖に陥れる、奴隷の霊を受けたのではなく、子とする御霊を受けたのです。この御霊によって、私たちは『アバ、父』と叫びます。御霊ご自身が、私たちの霊とともに、私たちが神の子どもであることを証ししてくださいます。」
（ローマ人への手紙8:14-16）

2) 肉の願いに負けないで生きるようになります。

　肉の願いと御霊の願いは、いつも対立しています。肉の願いに従うとき、罪の奴隷になります。罪があるところには、真の平安、自由はありません。聖霊に導かれ、聖霊に満たされて生きる人は、決して罪の奴隷にならないで、真の平安と自由をもって歩むようになります。

「私は言います。御霊によって歩みなさい。そうすれば、肉の欲望を満たすことは決してありません。肉が望むことは御霊に逆らい、御霊が望むことは肉に逆らうからです。この二つは互いに対立しているので、あなたがたは願っていることができなくなります。御霊によって導かれているなら、

あなたがたは律法の下にはいません。肉のわざは明らかです。すなわち、淫らな行い、汚れ、好色、偶像礼拝、魔術、敵意、争い、そねみ、憤り、党派心、分裂、分派、ねたみ、泥酔、遊興、そういった類のものです。以前にも言ったように、今もあなたがたにあらかじめ言っておきます。このようなことをしている者たちは神の国を相続できません。」

（ガラテヤ人への手紙5:16-21）

3) 御霊の実を結ぶようになります。

　私たちが御霊に導かれるとき、御霊の実をもって神の栄光を現すようになります。これが主の民の生きる目的であり、主の民が正しく生きているしるしでもあります。御霊の実を結ぶことはキリストの姿に変えられている証しでもあります。

　「しかし、御霊の実は、愛、喜び、平安、寛容、親切、善意、誠実、柔和、自制です。このようなものに反対する律法はありません。」

（ガラテヤ人への手紙5:22-23）

4) 神の祝福を早く味わうようになります。

　御霊に導かれることは、神に従うことです。神に従うことは、神のみことばに従うことです。神に従えば従うほど、神の祝福を早く味わうようになります。不従順、つぶやき、不信仰があればあるほど、神の祝福は遅くなります。この霊的な原則は昔も今も変わりはありません。この事実は、民数記を通して深く悟ることができます。

　「おまえたちの子どもは、この荒野で四十年の間羊を飼う者となり、おまえたちがみな、屍となるまで、おまえたちの背信の責めを負わなければならない。おまえたちが、あの地を偵察した日数は四十日であった。その一日を一年と数えて、四十年の間おまえたちは自分の咎を負わなければならない。こうして、わたしへの反抗が何であるかを思い知ることになる。」

（民数記14:33-34）

161

結　論

　私たちの内に宿っている聖霊は、私たちをこの世の生活だけではなく、天国まで愛をもって導いてくださる導き主です。その聖霊の導きを信じて、神のみことばに忠実に従い、絶えず聖霊の導きを求めながら生きるとき、神の祝福と導きを体験的に知るようになります。そうすれば、聖霊が愛をもって私たちを罪と悪とサタンの誘惑と攻撃から守り、真理と神が喜ばれるところに絶えず導いてくださいます。

　　「主はあなたがたが宿営する場所を探すために、道中あなたがたの先に立って行き、夜は火の中、昼は雲の中にあって、あなたがたが行くべき道を示されるのだ。」
　　　　　　　　　　　　　　　　　　　　　　　　　　　　　（申命記1:33）

第10課　よりすぐれた賜物

序　論

　御霊の賜物の種類はたくさんあります。その中でも、よりすぐれた賜物、熱心に求めるべき賜物、はるかにまさる道があります。それが愛（アガペー）の賜物です。使徒パウロは聖霊の霊感を受けて、「あなたがたは、よりすぐれた賜物を熱心に求めなさい。私は今、はるかにまさる道を示しましょう」（コリント人への手紙第一12:31）と語りました。よりすぐれた賜物である愛は、すべての時代のすべての教会と聖徒に必要な賜物です。なぜなら、愛はいつまでも残り、続く賜物であり、すべての聖徒が熱心に、一生涯をかけて求める必要がある賜物だからです。

1. 愛（アガペー）の意味

　ギリシア語には、愛を表す単語が大きく四つあります。それはエロス、フィリア、ストルゲ、アガペーです。エロスは男女の愛です。フィリアは友と知人との友情的な愛です。ストルゲは家族と血肉との義理的な愛です。アガペーはキリストが教えてくださった無条件的な愛です。このアガペーは、自分の利益を求めず、相手の利益と祝福だけを求める愛です。いちばん尊いものを惜しまずに与える無条件的な愛です。三位一体の神の愛です。このアガペーの動詞形であるアガパオ（愛する）の文字的な意味は、相手を喜ぶこと、相手が良くなることを心から願うこと、相手を尊く思うことです。このアガペーの愛は、神から出ているものであり（ヨハネの手紙第一4:7）、神の本質です。父なる神から出て来るものは、すべての良い贈り物、すべての完全な賜物です（ヤコブの手紙1:17）。私たちが、神の本質であり完全な賜物である愛に生きるとき、神がいちばん喜んでくださるでしょう。この愛をもって互いに愛し合うことは、キリストの教えであり、聖書全体が具体的に教えている大切な生き方です。私たちが心を尽くして愛する相手がいることは、大きな恵みであり、喜びであり、祝福です。逆に、互いに憎しみながら生きることは、大きな不幸です。

「愛する者たち。私たちは互いに愛し合いましょう。愛は神から出ているのです。愛がある者はみな神から生まれ、神を知っています。」

（ヨハネの手紙第一4:7）

「すべての良い贈り物、またすべての完全な賜物は、上からのものであり、光を造られた父から下って来るのです。父には、移り変わりや、天体の運行によって生じる影のようなものはありません。」　（ヤコブの手紙1:17）

2. 聖書が教えている愛（アガペー）の価値

1) いのちである愛

「私たちは、自分が死からいのちに移ったことを知っています。兄弟を愛しているからです。愛さない者は死のうちにとどまっています。」

（ヨハネの手紙第一3:14）

2) 一番すぐれている愛

「こういうわけで、いつまでも残るのは信仰と希望と愛、これら三つです。その中で一番すぐれているのは愛です。」　（コリント人への手紙第一13:13）

3) 絶えることのない愛

「愛は決して絶えることがありません。預言ならすたれます。異言ならやみます。知識ならすたれます。」　（コリント人への手紙第一13:8）

4) 律法の完成である愛

「愛は隣人に対して悪を行いません。それゆえ、愛は律法の要求を満たすものです。」　（ローマ人への手紙13:10）

5) 祈りの答えである愛

「あなたがたがわたしにとどまり、わたしのことばがあなたがたにとどまっているなら、何でも欲しいものを求めなさい。そうすれば、それはかな

えられます。」 （ヨハネの福音書15:7）

「愛する者たち。自分の心が責めないなら、私たちは神の御前に確信を持つことができます。そして、求めるものを何でも神からいただくことができます。私たちが神の命令を守り、神に喜ばれることを行っているからです。」 （ヨハネの手紙第一3:21-22）

6) 第一の戒めである愛

「イエスは彼に言われた。『「あなたは心を尽くし、いのちを尽くし、知性を尽くして、あなたの神、主を愛しなさい。」これが、重要な第一の戒めです。「あなたの隣人を自分自身のように愛しなさい」という第二の戒めも、それと同じように重要です。』」 （マタイの福音書22:37-39）

7) キリストの弟子になるしるしである愛

「互いの間に愛があるなら、それによって、あなたがたがわたしの弟子であることを、すべての人が認めるようになります。」（ヨハネの福音書13:35）

8) 神の本質である愛

「愛のない者は神を知りません。神は愛だからです。」

（ヨハネの手紙第一4:8）

「私たちは自分たちに対する神の愛を知り、また信じています。神は愛です。愛のうちにとどまる人は神のうちにとどまり、神もその人のうちにとどまっておられます。」 （ヨハネの手紙第一4:16）

9) よりすぐれた賜物である愛

「あなたがたは、よりすぐれた賜物を熱心に求めなさい。私は今、はるかにまさる道を示しましょう。」 （コリント人への手紙第一12:31）

10) 恐れを締め出す愛

「愛には恐れがありません。全き愛は恐れを締め出します。恐れには罰が伴い、恐れる者は、愛において全きものとなっていないのです。」

（ヨハネの手紙第一4:18）

11) 偽りが通じない愛

「愛には偽りがあってはなりません。悪を憎み、善から離れないようにしなさい。」
（ローマ人への手紙12:9）

12) 多くの罪をおおう愛

「何よりもまず、互いに熱心に愛し合いなさい。愛は多くの罪をおおうからです。」
（ペテロの手紙第一4:8）

13) つまずかない秘訣である愛

「光の中にいると言いながら自分の兄弟を憎んでいる人は、今でもまだ闇の中にいるのです。自分の兄弟を愛している人は光の中にとどまり、その人のうちにはつまずきがありません。」
（ヨハネの手紙第一2:9-10）

14) 御霊の実である愛

「しかし、御霊の実は、愛、喜び、平安、寛容、親切、善意、誠実、柔和、自制です。このようなものに反対する律法はありません。」
（ガラテヤ人への手紙5:22-23）

15) この世に召された目的である愛

「その栄光と栄誉を通して、尊く大いなる約束が私たちに与えられています。それは、その約束によってあなたがたが、欲望がもたらすこの世の腐敗を免れ、神のご性質にあずかる者となるためです。」
（ペテロの手紙第二1:4）

「ですから、兄弟たち。自分たちの召しと選びを確かなものとするように、いっそう励みなさい。これらのことを行っているなら、決してつまずくことはありません。」
（ペテロの手紙第二1:10）

「こういうわけで、あなたがたは、食べるにも飲むにも、何をするにも、すべて神の栄光を現すためにしなさい。」
（コリント人への手紙第一10:31）

3. 愛の賜物を実行する生き方

　愛の章であるコリント人への手紙第一13章は、異言と預言と知識と信仰と分け与える賜物が愛の中で正しく用いられることを示しています。愛がなければ、このような賜物も騒がしいどらや、うるさいシンバルと同じであり、無に等しいものであり、何の役にも立たないものであることを教えています。この教えは、愛の賜物がよりすぐれた賜物であり、はるかにまさる真理の道であることを証明しています。

> 「たとえ私が人の異言や御使いの異言で話しても、愛がなければ、騒がしいどらや、うるさいシンバルと同じです。たとえ私が預言の賜物を持ち、あらゆる奥義とあらゆる知識に通じていても、たとえ山を動かすほどの完全な信仰を持っていても、愛がないなら、私は無に等しいのです。たとえ私が持っている物のすべてを分け与えても、たとえ私のからだを引き渡して誇ることになっても、愛がなければ、何の役にも立ちません。愛は寛容であり、愛は親切です。また人をねたみません。愛は自慢せず、高慢になりません。」
> （コリント人への手紙第一13:1-4）

1) 人に対して、してはいけない愛の生き方

　(1) 人をねたまないことです。（not envy）
　ねたみは愛を壊す原因であり、優越感と劣等感の原因でもあります。

　(2) 自慢しないことです。（not boast）

　(3) 高慢にならないことです。（not proud）

　(4) 礼儀に反する生き方をしないことです。（not rude）
　反する（アスケモネオ）ことは、相手の労苦と名誉を認めないことです。

(5) 自分の利益を求めないことです。(not self-seeking)

(6) 怒らないことです。(not easily angered)
怒る（パロクシュノ）の意味は突然憤慨することです。

(7) 人のした悪を思わないことです。(keeps no record of wrongs)

(8) 不正を喜ばないことです。(not delight in evil)

2) 人に対して実行すべき愛の生き方

(1) 寛容であること（patient）です。
寛容であること（マクロシュメオ）の意味は長く犠牲を払うことです。マクロは長い、シュメオは犠牲を払うことです。これは力があるにもかかわらずその力を相手を生かすために耐え忍ぶことです。

(2) 親切（kind）に生きることです。

(3) 真理を喜ぶことです。(rejoices with the truth)

(4) すべてを耐えることです。(always protects)
耐える（ステゴ）とは、相手を覆うことです。相手のために屋根になることです。

(5) すべてを信じることです。(always trusts)
信じる（ピステオ）とは、最後まで相手を通して神のみこころが現されることを、神を信じるように信じることです。

(6) すべてを望むことです。(always hopes)
望む（エルピゾ）ことは、相手の未来まで考えながら希望をもつことです。

⑺ すべてを忍ぶことです。(always perseveres)

　忍ぶ（ヒュポメノ）ことは、相手の下にとどまることです。ヒュポは under です。メノは stay です。すなわち、相手の下にとどまり、相手を生かすために耐え忍ぶことです。

4. 愛すべき対象

　聖書は愛すべき対象を明確に教えています。それは、創造主である神、自分自身、自分の身内である家族、自分の隣人、自分の敵です。敵とは、全然知らない人ではなく、知りながら、関係をもちながら自分に害を与える人です。

1) 神です。

> 「イエスは彼に言われた。『あなたは心を尽くし、いのちを尽くし、知性を尽くして、あなたの神、主を愛しなさい。』」　　　（マタイの福音書22:37）
> 「あなたは心を尽くし、いのちを尽くし、力を尽くして、あなたの神、**主**を愛しなさい。」　　　（申命記6:5）
> 「神を愛する人たち、すなわち、神のご計画にしたがって召された人たちのためには、すべてのことがともに働いて益となることを、私たちは知っています。」　　　（ローマ人への手紙8:28）

2) 自分自身です。

> 「『あなたの隣人を自分自身のように愛しなさい』という第二の戒めも、それと同じように重要です。」　　　（マタイの福音書22:39）
> 「人は、たとえ全世界を手に入れても、自分のいのちを失ったら、何の益があるでしょうか。」　　　（マルコの福音書8:36）
> 「わたしの目には、あなたは高価で尊い。わたしはあなたを愛している。だから、わたしは人をあなたの代わりにし、国民をあなたのいのちの代わりにする。」　　　（イザヤ書43:4）

3) 自分の身内である家族です。

「心の中で自分の兄弟を憎んではならない。同胞をよく戒めなければならない。そうすれば、彼のゆえに罪責を負うことはない。あなたは復讐してはならない。あなたの民の人々に恨みを抱いてはならない。あなたの隣人を自分自身のように愛しなさい。わたしは**主**である。」　　（レビ記19:17-18）

「もしも親族、特に自分の家族の世話をしない人がいるなら、その人は信仰を否定しているのであって、不信者よりも劣っているのです。」

（テモテへの手紙第一5:8）

4) 自分の隣人、友、兄弟です。

「『あなたの隣人を自分自身のように愛しなさい』という第二の戒めも、それと同じように重要です。」　　　　　　　　　（マタイの福音書22:39）

「律法全体は、『あなたの隣人を自分自身のように愛しなさい』という一つのことばで全うされるのです。」　　　　　（ガラテヤ人への手紙5:14）

「友はどんなときにも愛するもの。兄弟は苦難を分け合うために生まれる。」　　　　　　　　　　　　　　　　　　　　　　（箴言17:17）

「神を愛すると言いながら兄弟を憎んでいるなら、その人は偽り者です。目に見える兄弟を愛していない者に、目に見えない神を愛することはできません。神を愛する者は兄弟も愛すべきです。私たちはこの命令を神から受けています。」　　　　　　　　　　　（ヨハネの手紙第一4:20-21）

5) 自分の敵です。

「しかし、わたしはあなたがたに言います。自分の敵を愛し、自分を迫害する者のために祈りなさい。天におられるあなたがたの父の子どもになるためです。父はご自分の太陽を悪人にも善人にも昇らせ、正しい者にも正しくない者にも雨を降らせてくださるからです。自分を愛してくれる人を愛したとしても、あなたがたに何の報いがあるでしょうか。取税人でも同じことをしているではありませんか。」　　　　（マタイの福音書5:44-46）

「しかし、これを聞いているあなたがたに、わたしは言います。あなたが

たの敵を愛しなさい。あなたがたを憎む者たちに善を行いなさい。あなたがたを呪う者たちを祝福しなさい。あなたがたを侮辱する者たちのために祈りなさい。」 (ルカの福音書6:27-28)

「しかし、あなたがたは自分の敵を愛しなさい。彼らに良くしてやり、返してもらうことを考えずに貸しなさい。そうすれば、あなたがたの受ける報いは多く、あなたがたは、いと高き方の子どもになります。いと高き方は、恩知らずな者にも悪人にもあわれみ深いからです。あなたがたの父があわれみ深いように、あなたがたも、あわれみ深くなりなさい。さばいてはいけません。そうすれば、あなたがたもさばかれません。人を不義に定めてはいけません。そうすれば、あなたがたも不義に定められません。赦しなさい。そうすれば、あなたがたも赦されます。」 (ルカの福音書6:35-37)

5. 愛のために持つべき心構え

1) 神の愛のうちに自分自身を保つことです。

「父がわたしを愛されたように、わたしもあなたがたを愛しました。わたしの愛にとどまりなさい。」 (ヨハネの福音書15:9)

「神の愛のうちに自分自身を保ち、永遠のいのちに導く、私たちの主イエス・キリストのあわれみを待ち望みなさい。」 (ユダの手紙21節)

「私たちが神を愛したのではなく、神が私たちを愛し、私たちの罪のために、宥めのささげ物としての御子を遣わされました。ここに愛があるのです。」 (ヨハネの手紙第一4:10)

2) 神に召された目的を確かなものとすることです。

「その栄光と栄誉を通して、尊く大いなる約束が私たちに与えられています。それは、その約束によってあなたがたが、欲望がもたらすこの世の腐敗を免れ、神のご性質にあずかる者となるためです。」

(ペテロの手紙第二1:4)

「ですから、兄弟たち。自分たちの召しと選びを確かなものとするように、

いっそう励みなさい。これらのことを行っているなら、決してつまずくことはありません。」
（ペテロの手紙第二1:10）

3) 主と主のことばにとどまることです。

「あなたがたがわたしにとどまり、わたしのことばがあなたがたにとどまっているなら、何でも欲しいものを求めなさい。そうすれば、それはかなえられます。」
（ヨハネの福音書15:7）

4) キリストの愛を生きることです。

「わたしはあなたがたに新しい戒めを与えます。互いに愛し合いなさい。わたしがあなたがたを愛したように、あなたがたも互いに愛し合いなさい。」
（ヨハネの福音書13:34）

「また、愛のうちに歩みなさい。キリストも私たちを愛して、私たちのために、ご自分を神へのささげ物、またいけにえとし、芳ばしい香りを献げてくださいました。」
（エペソ人への手紙5:2）

5) 互いに人を自分よりまさっていると思うことです。

「兄弟愛をもって互いに愛し合い、互いに相手をすぐれた者として尊敬し合いなさい。」
（ローマ人への手紙12:10）

「何事も利己的な思いや虚栄からするのではなく、へりくだって、互いに人を自分よりすぐれた者と思いなさい。」
（ピリピ人への手紙2:3）

6) 相手のために自分自身が変えられることです。

「キリストは、神の御姿であられるのに、神としてのあり方を捨てられないとは考えず、ご自分を空しくして、しもべの姿をとり、人間と同じようになられました。人としての姿をもって現れ……」（ピリピ人への手紙2:6-7）

6. 愛に生きる人に与えられる祝福

私たちが神を愛し、互いに愛し合いながら生きるとき、神から与えられる祝

173

福があります。それは、自分の存在が神と人々から認められることです。神の臨在を体験的に悟るようになることです。自分の祈りが応えられることです。恐れがなくなることです。素晴らしい報いが約束されていることです。

1) キリストの弟子として人々にも認められます。

「わたしがあなたがたにしたとおりに、あなたがたもするようにと、あなたがたに模範を示したのです。」 （ヨハネの福音書13:35）

「このようにキリストに仕える人は、神に喜ばれ、人々にも認められるのです。」 （ローマ人への手紙14:18）

2) 神の臨在の恵みを体験的に知るようになります。

「いまだかつて神を見た者はいません。私たちが互いに愛し合うなら、神は私たちのうちにとどまり、神の愛が私たちのうちに全うされるのです。神が私たちに御霊を与えてくださったことによって、私たちが神のうちにとどまり、神も私たちのうちにとどまっておられることが分かります。」 （ヨハネの手紙第一4:12-13）

3) 祈りが応えられます。

「あなたがたがわたしにとどまり、わたしのことばがあなたがたにとどまっているなら、何でも欲しいものを求めなさい。そうすれば、それはかなえられます。」 （ヨハネの福音書15:7）

「愛する者たち。自分の心が責めないなら、私たちは神の御前に確信を持つことができます。そして、求めるものを何でも神からいただくことができます。私たちが神の命令を守り、神に喜ばれることを行っているからです。私たちが御子イエス・キリストの名を信じ、キリストが命じられたとおりに互いに愛し合うこと、それが神の命令です。」 （ヨハネの手紙第一3:21-23）

4) 恐れが締め出されます。

「愛には恐れがありません。全き愛は恐れを締め出します。恐れには罰が

伴い、恐れる者は、愛において全きものとなっていないのです。」

（ヨハネの手紙第一4:18）

5) 神の子どもとして受ける報いがあります。

「しかし、わたしはあなたがたに言います。自分の敵を愛し、自分を迫害する者のために祈りなさい。天におられるあなたがたの父の子どもになるためです。父はご自分の太陽を悪人にも善人にも昇らせ、正しい者にも正しくない者にも雨を降らせてくださるからです。」（マタイの福音書5:44-45）

「しかし、あなたがたは自分の敵を愛しなさい。彼らに良くしてやり、返してもらうことを考えずに貸しなさい。そうすれば、あなたがたの受ける報いは多く、あなたがたは、いと高き方の子どもになります。いと高き方は、恩知らずな者にも悪人にもあわれみ深いからです。」

（ルカの福音書6:35）

7. 愛を表す生き方

愛は理論ではなく、実生活です。行いと生き方を通して表すことが大切です。自分の手と足、口と耳、心と人格、時間と持ち物を通して実践することが真の愛です。しかし、自分の力、知恵、意思だけでは限界があります。神の助け、聖霊の力、みことばの励ましが瞬間瞬間必要です。そのために愛の主人公であり、本質が愛である神に熱心に求めるべきです。神の力で相手を愛するようになれば、その愛は決して絶えることがないでしょう。

「子どもたち。私たちは、ことばや口先だけではなく、行いと真実をもって愛しましょう。」

（ヨハネの手紙第一3:18）

1) 神を愛する生き方

神を愛することは、神の命令（戒め）を守ることです。神の命令は重荷ではありません。神の民は、神の命令を守るときが一番幸せでしょう。罪は私たちを束縛する重荷になります。

「あなたは、あなたの神、**主**だけが神であることをよく知らなければならない。主は信頼すべき神であり、ご自分を愛し、ご自分の命令を守る者には恵みの契約を千代までも守られる。しかし、ご自分を憎む者には一人ひとりに報いて彼らを滅ぼされる。主はためらわず、ご自分を憎む者一人ひとりに報いられる。あなたは、私が今日あなたに命じる命令、すなわち掟と定めを守り行わなければならない。」 (申命記7:9-11)

「神の命令を守ること、それが、神を愛することです。神の命令は重荷とはなりません。」 (ヨハネの手紙第一5:3)

2) 人を愛する生き方

キリストは十字架の死を目の前にして弟子たちに、「わたしはあなたがたに新しい戒めを与えます。互いに愛し合いなさい。わたしがあなたがたを愛したように、あなたがたも互いに愛し合いなさい」(ヨハネの福音書13:34) と命じました。キリストは、ただ互いに愛し合うことではなく、ご自身が私たちを愛したように互いに愛し合うことを示したのです。私たちは、自分が考えている愛ではなく、キリストが示してくださった愛をもって互いに愛し合うべきです。このキリストの愛で互いに愛し合うとき、愛の力、恵みを深く味わうようになります。私たちは福音書を通してキリストが示してくださった愛をたくさん探すことができますが、ここでは10個だけ取り上げます。

⑴ 相手と共に歩くことです。
「あなたに一ミリオン行くように強いる者がいれば、一緒に二ミリオン行きなさい。」 (マタイの福音書5:41)
「話し合ったり論じ合ったりしているところに、イエスご自身が近づいて来て、彼らとともに歩き始められた。」 (ルカの福音書24:15)

⑵ 相手と共に食べることです。
「イエスが家の中で食事の席に着いておられたとき、見よ、取税人たちや罪人たちが大勢来て、イエスや弟子たちとともに食卓に着いていた。」

（マタイの福音書9:10）

「人々はイエスのために、そこに夕食を用意した。マルタは給仕し、ラザロは、イエスとともに食卓に着いていた人たちの中にいた。」

（ヨハネの福音書12:2）

「イエスは彼らに言われた。『さあ、朝の食事をしなさい。』弟子たちは、主であることを知っていたので、だれも『あなたはどなたですか』とあえて尋ねはしなかった。」　（ヨハネの福音書21:12）

(3) 相手に善を行い、仕えることです。

「しかし、これを聞いているあなたがたに、わたしは言います。あなたがたの敵を愛しなさい。あなたがたを憎む者たちに善を行いなさい。」

（ルカの福音書6:27）

「イエスは夕食の席から立ち上がって、上着を脱ぎ、手ぬぐいを取って腰にまとわれた。それから、たらいに水を入れて、弟子たちの足を洗い、腰にまとっていた手ぬぐいでふき始められた。」　（ヨハネの福音書13:4-5）

(4) 相手を祝福することです。

「それからイエスは、弟子たちをベタニアの近くまで連れて行き、手を上げて祝福された。そして、祝福しながら彼らから離れて行き、天に上げられた。」　（ルカの福音書24:50-51）

「そしてイエスは子どもたちを抱き、彼らの上に手を置いて祝福された。」　（マルコの福音書10:16）

(5) 相手のために祈ることです。

「あなたがたを呪う者たちを祝福しなさい。あなたがたを侮辱する者たちのために祈りなさい。」　（ルカの福音書6:28）

「シモン、シモン。見なさい。サタンがあなたがたを麦のようにふるいにかけることを願って、聞き届けられました。しかし、わたしはあなたのために、あなたの信仰がなくならないように祈りました。ですから、あなたは立ち直ったら、兄弟たちを力づけてやりなさい。」（ルカの福音書22:31-32）

177

(6) 相手を赦すことです。

「そのとき、ペテロがみもとに来て言った。『主よ。兄弟が私に対して罪を犯した場合、何回赦すべきでしょうか。七回までででしょうか。』イエスは言われた。『わたしは七回までとは言いません。七回を七十倍するまでです。』」 (マタイの福音書18:21-22)

「あなたがたもそれぞれ自分の兄弟を心から赦さないなら、わたしの天の父もあなたがたに、このようになさるのです。」 (マタイの福音書18:35)

(7) 相手を励ますことです。

「イエスはこれを聞いて驚き、ついて来た人たちに言われた。『まことに、あなたがたに言います。わたしはイスラエルのうちのだれにも、これほどの信仰を見たことがありません。』」 (マタイの福音書8:10)

「シモンの仲間の、ゼベダイの子ヤコブやヨハネも同じであった。イエスはシモンに言われた。『恐れることはない。今から後、あなたは人間を捕るようになるのです。』」 (ルカの福音書5:10)

(8) 相手をあわれむことです。

「イエスは弟子たちを呼んで言われた。『かわいそうに、この群衆はすでに三日間わたしとともにいて、食べる物を持っていないのです。空腹のまま帰らせたくはありません。途中で動けなくなるといけないから。』」 (マタイの福音書15:32)

「彼女は言った。『はい、主よ。だれも。』イエスは言われた。『わたしもあなたにさばきを下さない。行きなさい。これからは、決して罪を犯してはなりません。』」 (ヨハネの福音書8:11)

(9) 相手を訪ねることです。

「その日、すなわち週の初めの日の夕方、弟子たちがいたところでは、ユダヤ人を恐れて戸に鍵がかけられていた。すると、イエスが来て彼らの真ん中に立ち、こう言われた。『平安があなたがたにあるように。』」 (ヨハネの福音書20:19)

「八日後、弟子たちは再び家の中におり、トマスも彼らと一緒にいた。戸には鍵がかけられていたが、イエスがやって来て、彼らの真ん中に立ち、『平安があなたがたにあるように』と言われた。」　（ヨハネの福音書20:26）

⑽　相手に耳を傾けることです。

「彼らは会堂司の家に着いた。イエスは、人々が取り乱して、大声で泣いたりわめいたりしているのを見て……」　（マルコの福音書5:38）

「群衆は彼らを黙らせようとたしなめたが、彼らはますます、『主よ、ダビデの子よ。私たちをあわれんでください』と叫んだ。イエスは立ち止まり、彼らを呼んで言われた。『わたしに何をしてほしいのですか。』」

（マタイの福音書20:31-32）

結　論

私たちが愛に生きることは、神のみこころです。キリストに似ていくしるしです。神が喜ばれる生き方です。神から出ているこの愛は、いつまでも続く完全な賜物であり、神からの良い贈り物です。主の教会と聖徒が絶えず求めるべき最高の賜物です。この完全な愛に自分の人生とエネルギーを注ぎながら生きることが、私たちを救ってくださったキリストの切なる願いです。

「子どもたち。あなたがたは神から出た者であり、彼らに勝ちました。あなたがたのうちにおられる方は、この世にいる者よりも偉大だからです。彼らはこの世の者です。ですから、世のことを話し、世も彼らの言うことを聞きます。私たちは神から出た者です。神を知っている者は私たちの言うことを聞き、神から出ていない者は私たちの言うことを聞きません。それによって私たちは、真理の霊と偽りの霊を見分けます。愛する者たち。私たちは互いに愛し合いましょう。愛は神から出ているのです。愛がある者はみな神から生まれ、神を知っています。愛のない者は神を知りません。神は愛だからです。神はそのひとり子を世に遣わし、その方によって私たちにいのちを得させてくださいました。それによって神の愛が私たちに示

されたのです。私たちが神を愛したのではなく、神が私たちを愛し、私た
ちの罪のために、宥めのささげ物としての御子を遣わされました。ここに
愛があるのです。愛する者たち。神がこれほどまでに私たちを愛してくだ
さったのなら、私たちもまた、互いに愛し合うべきです。」

（ヨハネの手紙第一4:4-11）

第11課　罪を犯していない天使たち

序　論

　天使／御使い（angels）は、神によって造られた霊的な存在です。聖書は、
天使たちの中でも、いつも神のみこころと目的を忠実に実行する聖なる天使た
ち（holy angels）と、サタンと悪霊と呼ばれる堕落した天使たち（fallen an-
gels）が存在していることを明確に教えています。「天使」という用語は、個
人の名前ではなく、働きの職務を現す名称です。私たちが罪を犯していない天
使を正しく知れば知るほど、神に対する姿勢も試練に対する姿勢も、信仰生活
に対する姿勢も自分自身に対する姿勢も必ず変わるでしょう。

1. 神によって造られた天使

　天使は、創造主である神によって造られた被造物であり、永遠に死なない霊
的な存在です。彼らは種族を繁殖しないので、彼らの数は永遠に変わらないの
です。

> 「わたしが地の基を定めたとき、あなたはどこにいたのか。分かっている
> なら、告げてみよ。あなたは知っているはずだ。だれがその大きさを定め、
> だれがその上に測り縄を張ったかを。その台座は何の上にはめ込まれたの
> か。あるいは、その要の石はだれが据えたのか。明けの星々がともに喜び
> 歌い、神の子たちがみな喜び叫んだときに。」　　　　　　（ヨブ記38:4-7）

　7節の「神の子たち」（all the angels）とは、天使です。神は、天を造られた
後、地を造られる前に、天使を造られたと思われます。

> 「なぜなら、天と地にあるすべてのものは、見えるものも見えないものも、
> 王座であれ主権であれ、支配であれ権威であれ、御子にあって造られたか
> らです。万物は御子によって造られ、御子のために造られました。御子は
> 万物に先立って存在し、万物は御子にあって成り立っています。」

（コロサイ人への手紙1:16-17）

「ハレルヤ。天において**主**をほめたたえよ。いと高き所で　主をほめたた
えよ。主をほめたたえよ　すべての御使いよ。主をほめたたえよ　主の万軍
よ。日よ　月よ　主をほめたたえよ。主をほめたたえよ　すべての輝く星よ。
天の天よ　主をほめたたえよ。天の上にある水よ。**主**の御名をほめたたえ
よ。主が命じて　それらは創造されたのだ。主は　それらを世々限りなく立
てられた。主は　去りゆくことのない定めを置かれた。」　　　　（詩篇148:1-6）

　2節のすべての御使い（all his angels）の万軍（all his heavenly hosts）とは、
天使です。

2. 天使の姿（form）と本質（nature）

1) 天使は霊的な存在です。

「御使いはみな、奉仕する霊であって、救いを受け継ぐことになる人々に
仕えるために遣わされているのではありませんか。」

（ヘブル人への手紙1:14、奉仕する霊）

2) 天使は人間ではありませんが、人間の姿で現れることがあります。

「その二人の御使いは、夕暮れにソドムに着いた。ロトはソドムの門のと
ころに座っていた。ロトは彼らを見ると、立ち上がって彼らを迎え、顔を
地に付けて伏し拝んだ。そして言った。『ご主人がた。どうか、このしも
べの家に立ち寄り、足を洗って、お泊まりください。そして、朝早く旅を
続けてください。』すると彼らは言った。『いや、私たちは広場に泊まろ
う。』しかし、ロトがしきりに勧めたので、彼らは彼のところに立ち寄り、
家の中に入った。ロトは種なしパンを焼き、彼らのためにごちそうを作っ
た。こうして彼らは食事をした。」　　　　　　　　　　　　（創世記19:1-3）

「御使いは入って来ると、マリアに言った。『おめでとう、恵まれた方。
主があなたとともにおられます。』しかし、マリアはこのことばにひどく

戸惑って、これはいったい何のあいさつかと考え込んだ。すると、御使い
は彼女に言った。『恐れることはありません、マリア。あなたは神から恵
みを受けたのです。』」

（ルカの福音書1:28-30）

「そのため途方に暮れていると、見よ、まばゆいばかりの衣を着た人が二
人、近くに来た。彼女たちは恐ろしくなって、地面に顔を伏せた。すると、
その人たちはこう言った。『あなたがたは、どうして生きている方を死人
の中に捜すのですか。ここにはおられません。よみがえられたのです。ま
だガリラヤにおられたころ、主がお話しになったことを思い出しなさい。
人の子は必ず罪人たちの手に引き渡され、十字架につけられ、三日目によ
みがえると言われたでしょう。』」

（ルカの福音書24:4-7）

「すると、白い衣を着た二人の御使いが、イエスのからだが置かれていた
場所に、一人は頭のところに、一人は足のところに座っているのが見え
た。」

（ヨハネの福音書20:12）

3) 天使は永遠に死なない存在です。

「イエスは彼らに言われた。『この世の子らは、めとったり嫁いだりする
が、次の世に入るのにふさわしく、死んだ者の中から復活するのにふさわ
しいと認められた人たちは、めとることも嫁ぐこともありません。彼らが
死ぬことは、もうあり得ないからです。彼らは御使いのようであり、復活
の子として神の子なのです。』」

（ルカの福音書20:34-36）

4) 天使は数えることができないほど存在します。

「しかし、あなたがたが近づいているのは、シオンの山、生ける神の都で
ある天上のエルサレム、無数の御使いたちの喜びの集い……」

（ヘブル人への手紙12:22）

「火の流れがこの方の前から出ていた。幾千もの者がこの方に仕え、幾万
もの者がその前に立っていた。さばきが始まり、いくつかの文書が開かれ
た。」

（ダニエル書7:10）

「すると突然、その御使いと一緒におびただしい数の天の軍勢が現れて、
神を賛美した。『いと高き所で、栄光が神にあるように。地の上で、平和

がみこころにかなう人々にあるように。』」　　　　（ルカの福音書2:13-14）

「それとも、わたしが父にお願いして、十二軍団よりも多くの御使いを、今すぐわたしの配下に置いていただくことが、できないと思うのですか。」　　　　（マタイの福音書26:53）

「また私は見た。そして御座と生き物と長老たちの周りに、多くの御使いたちの声を聞いた。その数は万の数万倍、千の数千倍であった。」

（ヨハネの黙示録5:11）

5) 天使は神のみことばに従い、みことばを実行する力を神から受けています。

「**主**をほめたたえよ　主の御使いたちよ。みことばの声に聞き従い　みことばを行う　力ある勇士たちよ。**主**をほめたたえよ　主のすべての軍勢よ。主のみこころを行い　主に仕える者たちよ。」　　　　（詩篇103:20-21）

「私たちは、この場所を滅ぼそうとしています。彼らの叫びが**主**の前に大きいので、**主**はこの町を滅ぼそうと、私たちを遣わされたのです。」

（創世記19:13）

「主が　あなたのために御使いたちに命じて　あなたのすべての道で　あなたを守られるからだ。」　　　　（詩篇91:11）

「その夜、**主**の使いが出て行き、アッシリアの陣営で十八万五千人を打ち殺した。人々が翌朝早く起きて見ると、なんと、彼らはみな死体となっていた。」　　　　（列王記第二19:35）

「ところが、夜、主の使いが牢の戸を開け、彼らを連れ出し、『行って宮の中に立ち、人々にこのいのちのことばをすべて語りなさい』と言った。」　　　　（使徒の働き5:19-20）

「こうしてペテロは牢に閉じ込められていたが、教会は彼のために、熱心な祈りを神にささげていた。ヘロデが彼を引き出そうとしていた日の前夜、ペテロは二本の鎖につながれて、二人の兵士の間で眠っていた。戸口では番兵たちが牢を監視していた。すると見よ。主の使いがそばに立ち、牢の中を光が照らした。御使いはペテロの脇腹を突いて彼を起こし、『急いで立ち上がりなさい』と言った。すると、鎖が彼の手から外れ落ちた。御使

いは彼に言った。『帯を締めて、履き物をはきなさい。』ペテロがそのとおりにすると、御使いはまた言った。『上着を着て、私について来なさい。』そこでペテロは外に出て、御使いについて行った。彼には御使いがしていることが現実とは思えず、幻を見ているのだと思っていた。彼らが、第一、第二の衛所を通り、町に通じる鉄の門まで来ると、門がひとりでに開いた。彼らは外に出て、一つの通りを進んで行った。すると、すぐに御使いは彼から離れた。そのとき、ペテロは我に返って言った。『今、本当のことが分かった。主が御使いを遣わして、ヘロデの手から、またユダヤの民のすべてのもくろみから、私を救い出してくださったのだ。』」

（使徒の働き12:5-11）

「すると、即座に主の使いがヘロデを打った。ヘロデが神に栄光を帰さなかったからである。彼は虫に食われて、息絶えた。」　　（使徒の働き12:23）

3. 天使の分類

1) ケルビム（Cherubim）

「こうして神は人を追放し、いのちの木への道を守るために、ケルビムと、輪を描いて回る炎の剣をエデンの園の東に置かれた。」　　（創世記3:24）

　ケルビムは、罪を犯したアダムがエデンの園に入らないように、いのちの木への道を守る役割をしている天使たちです。

2) セラフィム（Seraphim）

「ウジヤ王が死んだ年に、私は、高く上げられた御座に着いておられる主を見た。その裾は神殿に満ち、セラフィムがその上の方に立っていた。彼らにはそれぞれ六つの翼があり、二つで顔をおおい、二つで両足をおおい、二つで飛んでいて、互いにこう呼び交わしていた。『聖なる、聖なる、聖なる、万軍の主。その栄光は全地に満ちる。』その叫ぶ者の声のために敷居の基は揺らぎ、宮は煙で満たされた。私は言った。『ああ、私は滅んで

しまう。この私は唇の汚れた者で、唇の汚れた民の間に住んでいる。しか
も、万軍の**主**である王をこの目で見たのだから。』すると、私のもとにセ
ラフィムのひとりが飛んで来た。その手には、祭壇の上から火ばさみで取
った、燃えさかる炭があった。彼は、私の口にそれを触れさせて言った。
『見よ。これがあなたの唇に触れたので、あなたの咎は取り除かれ、あな
たの罪も赦された。』私は主が言われる声を聞いた。『だれを、わたしは遣
わそう。だれが、われわれのために行くだろうか。』私は言った。『ここに
私がおります。私を遣わしてください。』」
（イザヤ書6:1-8）

　セラフィムは、神の御座のまわりで神に仕えている天使です。イザヤは、セ
ラフィムがそれぞれ六つの翼をもち、二つで顔をおおい、二つで両足をおおい、
二つで飛んでいる姿と、天で神に仕えている姿勢を見て、神の前で自分の本当
の姿を知り、自分の罪を告白するようになりました。セラフィムが二つの翼で
顔をおおうことは、心から神を恐れる姿勢です。二つの翼で両足をおおうこと
は、神の前で謙遜に生きている姿勢です。二つの翼で飛んでいることは、神の
命令があればすぐに従う姿勢です。罪を犯していない天使たちが神に仕える姿
勢を知れば知るほど、神に対する私たちの姿勢も必ず変わるようになります。

3) 天使長の名前

(1) ミカエル（Michael）

　ミカエルは、御使いのかしらであり、御使いの中で最高位の君の一人（the
archangel）です。ミカエルは、神のさばきを実行するためにサタンと戦う天使
です。その意味は「神に似ている」です。

> 「ペルシアの国の君が二十一日間、私に対峙して立っていたが、そこに最
> 高位の君の一人ミカエルが私を助けに来てくれた。私がペルシアの王たち
> のところに残されていたからだ。」
> （ダニエル書10:13）
> 「しかし、真理の書に記されていることを、あなたに知らせよう。私とと
> もに奮い立って、彼らに立ち向かう者は、あなたがたの君ミカエルのほか
> にはいない。」
> （ダニエル書10:21）

「その時、あなたの国の人々を守る大いなる君ミカエルが立ち上がる。国が始まって以来その時まで、かつてなかったほどの苦難の時が来る。しかしその時、あなたの民で、あの書に記されている者はみな救われる。」

（ダニエル書12：1）

「御使いのかしらミカエルは、モーセのからだについて悪魔と論じて言い争ったとき、ののしってさばきを宣言することはあえてせず、むしろ『主がおまえをとがめてくださるように』と言いました。」　（ユダの手紙9節）

「さて、天に戦いが起こって、ミカエルとその御使いたちは竜と戦った。竜とその使いたちも戦ったが……」

（ヨハネの黙示録12：7）

(2) ガブリエル（Gabriel）

　ガブリエルは、神から大切な知らせを頂いて、そのとおりに伝える役割、神から与えられた幻の意味を教える役割をしている天使です。その意味は、「神の人、神の勇士」です。

「私は、ウライ川の中ほどから『ガブリエルよ、この人にその幻を理解させよ』と呼びかけている人の声を聞いた。」　（ダニエル書8：16）

「私がまだ語り、祈り、自分の罪と自分の民イスラエルの罪を告白し、私の神の聖なる山のために、私の神、**主**の前に伏して願いをささげていたとき、すなわち、私がまだ祈りの中で語っていたとき、私が初めに幻の中で見たあの人ガブリエルが、すばやく飛んで来て私に近づいた。それは夕方のささげ物を献げるころであった。彼は私に悟らせようとしてこう告げた。『ダニエルよ。私は今、悟りによってあなたを賢明にさせようとして出て来た。あなたが願いの祈りを始めたとき、一つのみことばが出されたので、私はそれを伝えに来た。あなたが特別に愛されている者だからだ。そのみことばを聞き分けて、その幻を理解せよ。』」　（ダニエル書9：20-23）

「御使いは彼に答えた。『この私は神の前に立つガブリエルです。あなたに話をし、この良い知らせを伝えるために遣わされたのです。』」

（ルカの福音書1：19）

「さて、その六か月目に、御使いガブリエルが神から遣わされて、ガリラ

ヤのナザレという町の一人の処女のところに来た。」　　（ルカの福音書1:26）

(3) ルシファー（Lucifer）

　ルシファーは、天にあるすべての天使たちの中で、いちばん輝いた存在として造られました。しかし、高ぶりによって罪を犯し、神に敵対するサタンになりました。その意味は、「暁の子、Lucifer=morning star)、明けの明星（son of the morning)」です。

　　「明けの明星、暁の子よ。どうしておまえは天から落ちたのか。国々を打ち破った者よ。どうしておまえは地に切り倒されたのか。」(イザヤ書14:12)

4. 罪を犯していない天使たちの働き

1) 神を賛美し、あがめます。

　　「すると突然、その御使いと一緒におびただしい数の天の軍勢が現れて、神を賛美した。『いと高き所で、栄光が神にあるように。地の上で、平和がみこころにかなう人々にあるように。』」　　　　（ルカの福音書2:13-14）
　　「互いにこう呼び交わしていた。『聖なる、聖なる、聖なる、万軍の主。その栄光は全地に満ちる。』」　　　　　　　　　　　　　　　（イザヤ書6:3）
　　「また私は見た。そして御座と生き物と長老たちの周りに、多くの御使いたちの声を聞いた。その数は万の数万倍、千の数千倍であった。」
　　　　　　　　　　　　　　　　　　　　　　　　（ヨハネの黙示録5:11-12）
　　「御使いたちはみな、御座と長老たちと四つの生き物の周りに立っていたが、御座の前にひれ伏し、神を礼拝して言った。『アーメン。賛美と栄光と知恵と感謝と誉れと力と勢いが、私たちの神に世々限りなくあるように。アーメン。』」　　　　　　　　　　　　　　　（ヨハネの黙示録7:11-12）

　天使たちは、神に用いられる恵みを覚えて、最高の賛美を主にささげています。その賛美の歌詞は次のとおりです。「いと高き所で、栄光が神にあるよう

に。地の上に、平和がみこころにかなう人々にあるように」（ルカの福音書2:14）、「聖なる、聖なる、聖なる、万軍の**主**。その栄光は全地に満ちる」（イザヤ書6:3）、「屠られた子羊は、力と富と知恵と勢いと誉れと栄光と賛美を受けるにふさわしい方です」（ヨハネの黙示録5:12）、「アーメン。賛美と栄光と知恵と感謝と誉れと力と勢いが、私たちの神に世々限りなくあるように。アーメン」（ヨハネの黙示録7:12）。何と素晴らしい賛美であり、賛美の歌詞でしょう。私たちが天使たちの姿勢をもって、神を喜んで賛美すれば、賛美を通して神の臨在と栄光と力と癒やしと恵みを深く体験するようになります。

2) 神のみこころを人々に伝えます。

「すると、主の使いが彼に現れて、香の祭壇の右に立った。これを見たザカリヤは取り乱し、恐怖に襲われた。御使いは彼に言った。『恐れることはありません、ザカリヤ。あなたの願いが聞き入れられたのです。あなたの妻エリサベツは、あなたに男の子を産みます。その名をヨハネとつけなさい。』」 （ルカの福音書1:11-13）

「こう言ってから、イエスは使徒たちが見ている間に上げられた。そして雲がイエスを包み、彼らの目には見えなくなった。イエスが上って行かれるとき、使徒たちは天を見つめていた。すると見よ、白い衣を着た二人の人が、彼らのそばに立っていた。そしてこう言った。『ガリラヤの人たち、どうして天を見上げて立っているのですか。あなたがたを離れて天に上げられたこのイエスは、天に上って行くのをあなたがたが見たのと同じ有様で、またおいでになります。』」 （使徒の働き1:9-11）

3) 救われた人々に仕えます。

「御使いはみな、奉仕する霊であって、救いを受け継ぐことになる人々に仕えるために遣わされているのではありませんか。」（ヘブル人への手紙1:14）

「彼がエニシダの木の下で横になって眠っていると、見よ、一人の御使いが彼に触れ、『起きて食べなさい』と言った。彼が見ると、見よ、彼の頭のところに、焼け石で焼いたパン菓子一つと、水の入った壺があった。彼はそれを食べて飲み、再び横になった。**主**の使いがもう一度戻って来て彼

に触れ、『起きて食べなさい。旅の道のりはまだ長いのだから』と言った。」
（列王記第一19:5-7）

「ある日の午後三時ごろ、彼は幻の中で、はっきりと神の御使いを見た。その御使いは彼のところに来て、『コルネリウス』と呼びかけた。彼は御使いを見つめていたが、恐ろしくなって言った。『主よ、何でしょうか。』すると御使いは言った。『あなたの祈りと施しは神の御前に上って、覚えられています。さあ今、ヤッファに人を遣わして、ペテロと呼ばれているシモンという人を招きなさい。その人は、シモンという皮なめし職人のところに泊まっています。その家は海辺にあります。』御使いが彼にこう語って立ち去ると、コルネリウスはしもべたちのうち二人と、彼の側近の部下のうち敬虔な兵士一人を呼び……」
（使徒の働き10:3-7）

4) 神の民を励まします。

「ところが、夜、主の使いが牢の戸を開け、彼らを連れ出し、『行って宮の中に立ち、人々にこのいのちのことばをすべて語りなさい』と言った。」
（使徒の働き5:19-20）

「すると見よ。主の使いがそばに立ち、牢の中を光が照らした。御使いはペテロの脇腹を突いて彼を起こし、『急いで立ち上がりなさい』と言った。すると、鎖が彼の手から外れ落ちた。御使いは彼に言った。『帯を締めて、履き物をはきなさい。』ペテロがそのとおりにすると、御使いはまた言った。『上着を着て、私について来なさい。』そこでペテロは外に出て、御使いについて行った。彼には御使いがしていることが現実とは思えず、幻を見ているのだと思っていた。彼らが、第一、第二の衛所を通り、町に通じる鉄の門まで来ると、門がひとりでに開いた。彼らは外に出て、一つの通りを進んで行った。すると、すぐに御使いは彼から離れた。そのとき、ペテロは我に返って言った。『今、本当のことが分かった。主が御使いを遣わして、ヘロデの手から、またユダヤの民のすべてのもくろみから、私を救い出してくださったのだ。』」
（使徒の働き12:7-11）

「昨夜、私の主で、私が仕えている神の御使いが私のそばに立って、こう言ったのです。『恐れることはありません、パウロよ。あなたは必ずカエ

サルの前に立ちます。見なさい。神は同船している人たちを、みなあなたに与えておられます。』」 (使徒の働き27:23-24)

5) 一人の人が救われるとき、天国で喜びます。

「あなたがたに言います。それと同じように、一人の罪人が悔い改めるなら、神の御使いたちの前には喜びがあるのです。」 (ルカの福音書15:10)

6) 神の民を守ってくれます。

「主の使いは 主を恐れる者の周りに陣を張り 彼らを助け出される。」 (詩篇34:7)

「主が あなたのために御使いたちに命じて あなたのすべての道で あなたを守られるからだ。」 (詩篇91:11)

「私の神が御使いを送り、獅子の口をふさいでくださったので、獅子は私に何の危害も加えませんでした。それは、神の前に私が潔白であることが認められたからです。王よ、あなたに対しても、私は何も悪いことはしていません。」 (ダニエル書6:22)

「あなたがたは、この小さい者たちの一人を軽んじたりしないように気をつけなさい。あなたがたに言いますが、天にいる、彼らの御使いたちは、天におられるわたしの父の御顔をいつも見ているからです。」 (マタイの福音書18:10)

7) 神のみことばを伝えます。

「それでは、律法とは何でしょうか。それは、約束を受けたこの子孫が来られるときまで、違反を示すためにつけ加えられたもので、御使いたちを通して仲介者の手で定められたものです。」 (ガラテヤ人への手紙3:19)

「御使いたちを通して語られたみことばに効力があり、すべての違反と不従順が当然の処罰を受けたのなら……」 (ヘブル人への手紙2:2)

8) 終わりのとき、神のさばきを行います。

「人の子は御使いたちを遣わします。彼らは、すべてのつまずきと、不法

を行う者たちを御国から取り集めて、火の燃える炉の中に投げ込みます。彼らはそこで泣いて歯ぎしりするのです。そのとき、正しい人たちは彼らの父の御国で太陽のように輝きます。耳のある者は聞きなさい。」

（マタイの福音書13:41-43）

「また私は、御使いが底知れぬ所の鍵と大きな鎖を手にして、天から下って来るのを見た。彼は、竜、すなわち、悪魔でありサタンである古い蛇を捕らえて、これを千年の間縛り、千年が終わるまで、これ以上諸国の民を惑わすことのないように、底知れぬ所に投げ込んで鍵をかけ、その上に封印をした。その後、竜はしばらくの間、解き放たれることになる。」

（ヨハネの黙示録20:1-3）

9) 終わりのとき、サタンとその使いたちと戦って勝利します。

「さて、天に戦いが起こって、ミカエルとその御使いたちは竜と戦った。竜とその使いたちも戦ったが、勝つことができず、天にはもはや彼らのいる場所がなくなった。こうして、その大きな竜、すなわち、古い蛇、悪魔とかサタンとか呼ばれる者、全世界を惑わす者が地に投げ落とされた。また、彼の使いたちも彼とともに投げ落とされた。私は、大きな声が天でこう言うのを聞いた。『今や、私たちの神の救いと力と王国と、神のキリストの権威が現れた。私たちの兄弟たちの告発者、昼も夜も私たちの神の御前で訴える者が、投げ落とされたからである。兄弟たちは、子羊の血と、自分たちの証しのことばのゆえに竜に打ち勝った。彼らは死に至るまでも自分のいのちを惜しまなかった。それゆえ、天とそこに住む者たちよ、喜べ。しかし、地と海はわざわいだ。悪魔が自分の時が短いことを知って激しく憤り、おまえたちのところへ下ったからだ。』」（ヨハネの黙示録12:7-12）

10) 永遠の福音を携えています。

「また私は、もう一人の御使いが中天を飛ぶのを見た。彼は地に住む人々、すなわち、あらゆる国民、部族、言語、民族に宣べ伝えるために、永遠の福音を携えていた。彼は大声で言った。『神を恐れよ。神に栄光を帰せよ。神のさばきの時が来たからだ。天と地と海と水の源を創造した方を礼拝せ

193

よ。』」 　　　　　　　　　　　　　　　　　（ヨハネの黙示録14:6-7）

5. イエスの働きのために用いられた天使

1) マリアにイエスの誕生を伝えました。

「見なさい。あなたは身ごもって、男の子を産みます。その名をイエスと
つけなさい。その子は大いなる者となり、いと高き方の子と呼ばれます。
また神である主は、彼にその父ダビデの王位をお与えになります。彼はと
こしえにヤコブの家を治め、その支配に終わりはありません。」

（ルカの福音書1:31-33）

2) ヨセフにイエスの誕生を伝えました。

「イエス・キリストの誕生は次のようであった。母マリアはヨセフと婚約
していたが、二人がまだ一緒にならないうちに、聖霊によって身ごもって
いることが分かった。夫のヨセフは正しい人で、マリアをさらし者にした
くなかったので、ひそかに離縁しようと思った。彼がこのことを思い巡ら
していたところ、見よ、主の使いが夢に現れて言った。『ダビデの子ヨセ
フよ、恐れずにマリアをあなたの妻として迎えなさい。その胎に宿ってい
る子は聖霊によるのです。マリアは男の子を産みます。その名をイエスと
つけなさい。この方がご自分の民をその罪からお救いになるのです。』こ
のすべての出来事は、主が預言者を通して語られたことが成就するためで
あった。『見よ、処女が身ごもっている。そして男の子を産む。その名は
インマヌエルと呼ばれる。』それは、訳すと『神が私たちとともにおられ
る』という意味である。ヨセフは眠りから覚めると主の使いが命じたとお
りにし、自分の妻を迎え入れたが、子を産むまでは彼女を知ることはなか
った。そして、その子の名をイエスとつけた。」 　（マタイの福音書1:18-25）

3) 羊飼いたちにイエスの誕生を伝えました。

「御使いは彼らに言った。『恐れることはありません。見なさい。私は、

194

この民全体に与えられる、大きな喜びを告げ知らせます。今日ダビデの町で、あなたがたのために救い主がお生まれになりました。この方こそ主キリストです。』」

（ルカの福音書2:10-11）

4) イエスが悪魔に試みを受けたとき、イエスに仕えました。

「すると悪魔はイエスを離れた。そして、見よ、御使いたちが近づいて来てイエスに仕えた。」

（マタイの福音書4:11）

5) イエスが十字架の苦しみを目の前にして祈るとき、力づけました。

「『父よ、みこころなら、この杯をわたしから取り去ってください。しかし、わたしの願いではなく、みこころがなりますように。』〔すると、御使いが天から現れて、イエスを力づけた。〕」

（ルカの福音書22:42-43）

6) イエスのよみがえりを伝えました。

「御使いは女たちに言った。『あなたがたは、恐れることはありません。十字架につけられたイエスを捜しているのは分かっています。ここにはおられません。前から言っておられたとおり、よみがえられたのです。さあ、納められていた場所を見なさい。そして、急いで行って弟子たちに伝えなさい。「イエスは死人の中からよみがえられました。そして、あなたがたより先にガリラヤに行かれます。そこでお会いできます」と。いいですか、私は確かにあなたがたに伝えました。』」

（マタイの福音書28:5-7）

7) イエスの召天のとき、イエスの再臨のことを伝えました。

「イエスが上って行かれるとき、使徒たちは天を見つめていた。すると見よ、白い衣を着た二人の人が、彼らのそばに立っていた。そしてこう言った。『ガリラヤの人たち、どうして天を見上げて立っているのですか。あなたがたを離れて天に上げられたこのイエスは、天に上って行くのをあなたがたが見たのと同じ有様で、またおいでになります。』」

（使徒の働き1:10-11）

8) イエスの再臨のとき、イエスと伴って来ます。

「人の子は、その栄光を帯びてすべての御使いたちを伴って来るとき、その栄光の座に着きます。」 　　　　　　　　　　　　　　　　　（マタイの福音書25:31）

「苦しめられているあなたがたには、私たちとともに、報いとして安息を与えることです。このことは、主イエスが、燃える炎の中に、力ある御使いたちとともに天から現れるときに起こります。」

（テサロニケ人への手紙第二1:7）

6. 主の使いの現れ（受肉以前のキリスト）

旧約時代には、「主の使い」（The angel of the Lord）と「ある人」が時々現れました。この「主の使い」と「ある人」の現れを「神の顕現」（Theophany）と言います。この「主の使い」と「ある人」は、受肉（Incarnation）以前のキリストを示す場合もあります。この出来事を通して、受肉以前のキリストの存在と働きを知ることができます。

1) ハガルに現れました。

「主の使いは、荒野にある泉のほとり、シュルへの道にある泉のほとりで、彼女を見つけた。そして言った。『サライの女奴隷ハガル。あなたはどこから来て、どこへ行くのか。』すると彼女は言った。『私の女主人サライのもとから逃げているのです。』主の使いは彼女に言った。『あなたの女主人のもとに帰りなさい。そして、彼女のもとで身を低くしなさい。』また、主の使いは彼女に言った。『わたしはあなたの子孫を増し加える。それは、数えきれないほど多くなる。』さらに、主の使いは彼女に言った。『見よ。あなたは身ごもって男の子を産もうとしている。その子をイシュマエルと名づけなさい。主が、あなたの苦しみを聞き入れられたから。彼は、野生のろばのような人となり、その手は、すべての人に逆らい、すべての人の手も、彼に逆らう。彼は、すべての兄弟に敵対して住む。』」（創世記16:7-12）

2) アブラハムに現れました。

「そのとき、**主**の使いが天から彼に呼びかけられた。『アブラハム、アブラハム。』彼は答えた。『はい、ここにおります。』御使いは言われた。『その子に手を下してはならない。その子に何もしてはならない。今わたしは、あなたが神を恐れていることがよく分かった。あなたは、自分の子、自分のひとり子さえ惜しむことがなかった。』アブラハムが目を上げて見ると、見よ、一匹の雄羊が角を藪に引っかけていた。アブラハムは行って、その雄羊を取り、それを自分の息子の代わりに、全焼のささげ物として献げた。アブラハムは、その場所の名をアドナイ・イルエと呼んだ。今日も、『**主**の山には備えがある』と言われている。**主**の使いは再び天からアブラハムを呼んで、こう言われた。『わたしは自分にかけて誓う──**主**のことば──。あなたがこれを行い、自分の子、自分のひとり子を惜しまなかったので、確かにわたしは、あなたを大いに祝福し、あなたの子孫を、空の星、海辺の砂のように大いに増やす。あなたの子孫は敵の門を勝ち取る。あなたの子孫によって、地のすべての国々は祝福を受けるようになる。あなたが、わたしの声に聞き従ったからである。』」

(創世記22:11-18)

3) ヤコブに現れました。

「ヤコブが一人だけ後に残ると、ある人が夜明けまで彼と格闘した。その人はヤコブに勝てないのを見てとって、彼のももの関節を打った。ヤコブのももの関節は、その人と格闘しているうちに外れた。すると、その人は言った。『わたしを去らせよ。夜が明けるから。』ヤコブは言った。『私はあなたを去らせません。私を祝福してくださらなければ。』」

(創世記32:24-26)

4) モーセに現れました。

「すると主の使いが、柴の茂みのただ中の、燃える炎の中で彼に現れた。彼が見ると、なんと、燃えているのに柴は燃え尽きていなかった。」

(出エジプト記3:2)

「見よ。わたしは、使いをあなたの前に遣わし、道中あなたを守り、わたしが備えた場所にあなたを導く。あなたは、その者に心を留め、その声に聞き従いなさい。彼に逆らってはならない。わたしの名がその者のうちにあるので、彼はあなたがたの背きを赦さない。しかし、もしあなたが確かにその声に聞き従い、わたしが告げることをみな行うなら、わたしはあなたの敵には敵となり、あなたの仇には仇となる。わたしの使いがあなたの前を行き、あなたをアモリ人、ヒッタイト人、ペリジ人、カナン人、ヒビ人、エブス人のところに導き、わたしが彼らを消し去るとき……」

（出エジプト記23:20-23）

5) ヨシュアに現れました。

「ヨシュアがエリコにいたとき、目を上げて見ると、一人の人が抜き身の剣を手に持って彼の前方に立っていた。ヨシュアは彼のところへ歩み寄って言った。『あなたは私たちの味方ですか、それとも敵ですか。』彼は言った。『いや、わたしは主の軍の将として、今、来たのだ。』ヨシュアは顔を地に付けて伏し拝み、彼に言った。『わが主は、何をこのしもべに告げられるのですか。』主の軍の将はヨシュアに言った。『あなたの足の履き物を脱げ。あなたの立っている所は聖なる場所である。』そこで、ヨシュアはそのようにした。」

（ヨシュア記5:13-15）

6) ギデオンに現れました。

「さて主の使いが来て、アビエゼル人ヨアシュに属するオフラにある樫の木の下に座った。このとき、ヨアシュの子ギデオンは、ぶどうの踏み場で小麦を打っていた。ミディアン人から隠れるためであった。主の使いが彼に現れて言った。『力ある勇士よ主があなたとともにおられる。』」

（士師記6:11-12）

7) シャデラク、メシャク、アベデ・ネゴに現れました。

「この三人、シャデラク、メシャク、アベデ・ネゴは、縛られたままで、火の燃える炉の中に落ちて行った。そのとき、ネブカドネツァル王は驚い

て急に立ち上がり、顧問たちに尋ねた。『われわれは三人の者を縛って火の中に投げ込んだのではなかったか。』彼らは王に答えた。『王様、そのとおりでございます。』すると王は言った。『だが、私には、火の中を縄を解かれて歩いている四人の者が見える。しかも彼らは何の害も受けていない。第四の者の姿は神々の子のようだ。』それから、ネブカドネツァルは火の燃える炉の口に近づいて言った。『シャデラク、メシャク、アベデ・ネゴ、いと高き神のしもべたちよ、出て来なさい。』そこで、シャデラク、メシャク、アベデ・ネゴは火の中から出た。太守、長官、総督、王の顧問たちが集まり、三人を見たが、火は彼らのからだに及んでおらず、髪の毛も焦げず、上着も以前と変わらず、火の臭いも彼らに移っていなかった。」

(ダニエル書3:23-27)

8) ダニエルに現れました。

「私は目を上げた。見ると、そこに一人の人がいて、亜麻布の衣をまとい、腰にウファズの金の帯を締めていた。」　　　　　(ダニエル書10:5)

結　論

　罪を犯していない天使たちは、神の栄光のために造られた被造物です。神のみこころと目的の実行のために尊く用いられていますが、神ではありません。天使たちは礼拝の対象でもありません。(ヨハネの黙示録22:8-9) この天使たちは、いつも神に仕え、神を恐れ、神を賛美し、神の前で従う準備をしています。また、救われた神の民に仕える働きをしています。私たちが神に対する天使たちの姿と働きを知れば知るほど、神に賛美する姿勢も、神に仕える姿勢も、神に従う姿勢も変えられ、神の栄光と臨在の恵みを豊かに味わうようになります。

　「主をほめたたえよ　主の御使いたちよ。みことばの声に聞き従い　みことばを行う　力ある勇士たちよ。主をほめたたえよ　主のすべての軍勢よ。主のみこころを行い　主に仕える者たちよ。主をほめたたえよ　すべて造られたものたちよ。主が治められるすべてのところで。わがたましいよ主を

ほめたたえよ。」（詩篇103：20-22）
「御使いはみな、奉仕する霊であって、救いを受け継ぐことになる人々に仕えるために遣わされているのではありませんか。」（ヘブル人への手紙1：14）

第12課　堕落した天使、サタン（悪魔）と悪霊

序　論

　天使ルシファー（Lucifer）は、天使たちの中で、全きものの典型であり、知恵に満ち、美の極みとして造られました。このルシファーは、主権者である神に敵対し、自分が神のようになろうとする大きな罪を犯し、堕落しました。そのとき、ルシファーだけではなく、彼を支持する天使たちも一緒に堕落しました。堕落した天使たちのかしらであるルシファーは、サタン（Satan）、すなわち悪魔（Devil）となり、一緒に堕落した天使たちは、悪霊（demons）となりました。聖書は、サタンと悪霊の存在、彼らの活動と戦略について明確に教えています。私たちがこの事実を正しく知れば知るほど、霊的な戦いに勝利する喜びを深く味わうようになります。

　　「How art thou fallen from heaven, O Lucifer, son of the morning! how art thou
　　cut down to the ground, which didst weaken the nations!」

(ISAIAH14:12, KING JAMES VERSION)

　　「明けの明星、暁の子よ。どうしておまえは天から落ちたのか。国々を打ち破った者よ。どうしておまえは地に切り倒されたのか。」（イザヤ書14:12）

1. 天使の堕落とその結果

　サタンも造られた存在です。彼はすべての天使たちの中で、いちばん優れた存在として造られました（エゼキエル書28:12-15）。天国での彼の名称は、「暁の子」（ルシファー、Lucifer, morning star）また「明けの明星」（son of the morning）ですが、これは彼の地位を象徴します（イザヤ書14:12）。エゼキエル書28:11-19の「ツロの王」とイザヤ書14:3-20の「バビロンの王」とは、ルシファーを象徴する人物として表されています。このルシファーの心は自分の美しさに高ぶり、その輝きのために自分の知恵を腐らせる罪を犯しました（エゼキエル書28:17）。預言者イザヤは、このルシファーの堕落の原因について具体的に語りました（イザヤ書14:14）。

- 私は天に上ろう。
- 私は神の星々のはるか上に私の王座を上げよう。
- 私は北の果てにある会合の山で座に着こう。
- 私は秘密の頂に上ろう。
- 私はいと高き方のようになろう。

　このようにルシファーは、彼の創造主である神に服従することに満足せず、高慢になり、神の王座を奪い取ろうとしました。すなわち、いと高き方である神を王座から引き下げようとしました。彼は神を礼拝するより、礼拝されることを願い、自分の地位を離れ、神の地位と統治と権威に敵対する大きな罪を犯しました。そのとき、ルシファーだけではなく、彼を支持する天使たちも一緒に堕落しました。堕落の結果、彼らは天から追い出されました。

　「明けの明星、暁の子よ。どうしておまえは天から落ちたのか。国々を打ち破った者よ。どうしておまえは地に切り倒されたのか。おまえは心の中で言った。『私は天に上ろう。神の星々のはるか上に私の王座を上げ、北の果てにある会合の山で座に着こう。密雲の頂に上り、いと高き方のようになろう。』だが、おまえはよみに落とされ、穴の底に落とされる。」
（イザヤ書14:12-15）

　「あなたの商いが繁盛すると、あなたのうちに暴虐が満ち、こうしてあなたは罪ある者となった。そこで、わたしはあなたを汚れたものとして神の山から追い出した。守護者ケルビムよ。わたしは火の石の間からあなたを消え失せさせた。あなたの心は自分の美しさに高ぶり、まばゆい輝きのために自分の知恵を腐らせた。そこで、わたしはあなたを地に放り出し、王たちの前で見せ物とした。」
（エゼキエル書28:16-17）

　「イエスは彼らに言われた。『サタンが稲妻のように天から落ちるのを、わたしは見ました。』」
（ルカの福音書10:18）

　「こうして、その大きな竜、すなわち、古い蛇、悪魔とかサタンとか呼ばれる者、全世界を惑わす者が地に投げ落とされた。また、彼の使いたちも

彼とともに投げ落とされた。」 （ヨハネの黙示録12:9）

　その中で一部分は、地獄に引き渡され、さばきのときまで暗闇の穴の中に監禁されています。

> 「神は、罪を犯した御使いたちを放置せず、地獄に投げ入れ、暗闇の縄目につないで、さばきの日まで閉じ込められました。」（ペテロの手紙第二2:4）
> 「またイエスは、自分の領分を守らずに自分のいるべき所を捨てた御使いたちを、大いなる日のさばきのために、永遠の鎖につないで暗闇の下に閉じ込められました。」 （ユダの手紙6節）

　また、監禁されていない一部分は、さばきのときまで、悪を行う空中の権威をもっている支配者として、この世で人々を誘惑し、罪に陥れ、神から離れるよう活動しています。

> 「かつては、それらの罪の中にあってこの世の流れに従い、空中の権威を持つ支配者、すなわち、不従順の子らの中に今も働いている霊に従って歩んでいました。」 （エペソ人への手紙2:2）
> 「私たちの格闘は血肉に対するものではなく、支配、力、この暗闇の世界の支配者たち、また天上にいるもろもろの悪霊に対するものです。」
> （エペソ人への手紙6:12）
> 「身を慎み、目を覚ましていなさい。あなたがたの敵である悪魔が、吼えたける獅子のように、だれかを食い尽くそうと探し回っています。」
> （ペテロの手紙第一5:8）

　ルシファーは、アダムとエバが罪を犯す以前に堕落して、彼らが罪を犯すように誘惑しました。アダムとエバはサタンの誘惑によって罪を犯しましたが、サタンは誘惑がなかったにもかかわらず、自ら罪を犯しました。神は、サタンに誘惑され罪を犯した人間のためには、救いの道をキリストを通して備えましたが、誘惑なしに自ら堕落した天使たちのためには、救いの道を備えませんで

した。このように堕落した天使たちは、決して救われることなく、キリストの
さばきのとき、地獄に投げ込まれ、永遠の刑罰を受けるようになります。

2. サタンの名称と活動

　サタンは、堕落した天使である悪霊どものかしらとして明確に存在していま
す。サタンは霊的な存在ですので、目には見えません。また、サタンは自分の
本当の姿を隠して、いろいろな姿で、いろいろな名称をもって活動しています。
聖書はこのサタンの名称と性質について具体的に教えています。

　　　「それから、王は左にいる者たちにも言います。『のろわれた者ども。わ
　　　たしから離れ、悪魔とその使いのために用意された永遠の火に入れ。』」
　　　　　　　　　　　　　　　　　　　　　　　　　　（マタイの福音書25:41）
　　　「彼らを惑わした悪魔は火と硫黄の池に投げ込まれた。そこには獣も偽預
　　　言者もいる。彼らは昼も夜も、世々限りなく苦しみを受ける。」
　　　　　　　　　　　　　　　　　　　　　　　　　（ヨハネの黙示録20:10）

1) 悪魔（Devil）

　人々を惑わし、告発し、訴え、批判し、そしり、けなし、破壊する活動をし
ています。

　　　「四十日間、悪魔の試みを受けられた。その間イエスは何も食べず、その
　　　期間が終わると空腹を覚えられた。」　　　　　　（ルカの福音書4:2）
　　　「夕食の間のこと、悪魔はすでにシモンの子イスカリオテのユダの心に、
　　　イエスを裏切ろうという思いを入れていた。」　　（ヨハネの福音書13:2）
　　　「悪魔の策略に対して堅く立つことができるように、神のすべての武具を
　　　身に着けなさい。」　　　　　　　　　　　　　（エペソ人への手紙6:11）
　　　「ですから、神に従い、悪魔に対抗しなさい。そうすれば、悪魔はあなた
　　　がたから逃げ去ります。」　　　　　　　　　　　（ヤコブの手紙4:7）
　　　「身を慎み、目を覚ましていなさい。あなたがたの敵である悪魔が、吼え

たける獅子のように、だれかを食い尽くそうと探し回っています。」

（ペテロの手紙第一5:8）

「こうして、その大きな竜、すなわち、古い蛇、悪魔とかサタンとか呼ばれる者、全世界を惑わす者が地に投げ落とされた。また、彼の使いたちも彼とともに投げ落とされた。私は、大きな声が天でこう言うのを聞いた。『今や、私たちの神の救いと力と王国と、神のキリストの権威が現れた。私たちの兄弟たちの告発者、昼も夜も私たちの神の御前で訴える者が、投げ落とされたからである。』」

（ヨハネの黙示録12:9-10）

2) サタン（Satan）

　神と神の民を敵対させ、神に反対し、逆らい、神の働きを妨げ、人々を欺く活動をしています。

「さて、サタンがイスラエルに向かって立ち上がり、イスラエルの人口を数えるように、ダビデをそそのかした。」

（歴代誌第一21:1）

「ある日、神の子らがやって来て、**主**の前に立った。サタンもやって来て、彼らの中にいた。**主**はサタンに言われた。『おまえはどこから来たのか。』サタンは**主**に答えた。『地を行き巡り、そこを歩き回って来ました。』**主**はサタンに言われた。『おまえは、わたしのしもべヨブに心を留めたか。彼のように、誠実で直ぐな心を持ち、神を恐れて悪から遠ざかっている者は、地上には一人もいない。』サタンは**主**に答えた。『ヨブは理由もなく神を恐れているのでしょうか。』」

（ヨブ記1:6-9）

「そこでイエスは言われた。『下がれ、サタン。「あなたの神である主を礼拝しなさい。主にのみ仕えなさい」と書いてある。』」（マタイの福音書4:10）

「それは、私たちがサタンに乗じられないようにするためです。私たちはサタンの策略を知らないわけではありません。」

（コリント人への手紙第二2:11）

「しかし、驚くには及びません。サタンでさえ光の御使いに変装します。」（コリント人への手紙第二11:14）

「それで私たちは、あなたがたのところに行こうとしました。私パウロは

何度も行こうとしました。しかし、サタンが私たちを妨げたのです。」

（テサロニケ人への手紙第一2:18）

3) 蛇（serpent）、古い蛇（old serpent）、竜（dragon）

人々を惑わし、神のみことばと約束を疑わせ、悪巧みによって人々を欺いています。

> 「さて蛇は、神である**主**が造られた野の生き物のうちで、ほかのどれよりも賢かった。蛇は女に言った。『園の木のどれからも食べてはならないと、神は本当に言われたのですか。』」
> （創世記3:1）

> 「その日、**主**は、鋭い大きな強い剣で、逃げ惑う蛇レビヤタンを、曲がりくねる蛇レビヤタンを罰し、海にいる竜を殺される。」（イザヤ書27:1）

> 「蛇が悪巧みによってエバを欺いたように、あなたがたの思いが汚されて、キリストに対する真心と純潔から離れてしまうのではないかと、私は心配しています。」
> （コリント人への手紙第二11:3）

> 「こうして、その大きな竜、すなわち、古い蛇、悪魔とかサタンとか呼ばれる者、全世界を惑わす者が地に投げ落とされた。また、彼の使いたちも彼とともに投げ落とされた。」
> （ヨハネの黙示録12:9）

> 「私が見たその獣は豹に似ていて、足は熊の足のよう、口は獅子の口のようであった。竜はこの獣に、自分の力と自分の王座と大きな権威を与えた。その頭のうちの一つは打たれて死んだと思われたが、その致命的な傷は治った。全地は驚いてその獣に従い、竜を拝んだ。竜が獣に権威を与えたからである。また人々は獣も拝んで言った。『だれがこの獣に比べられるだろうか。』」
> （ヨハネの黙示録13:2-4）

> 「私が見たその獣は豹に似ていて、足は熊の足のよう、口は獅子の口のようであった。竜はこの獣に、自分の力と自分の王座と大きな権威を与えた。」
> （ヨハネの黙示録20:2）

4) ベルゼブル（Beelzebub）

ベルゼブルは悪霊どものかしらです。意味は不義の君主、不義の家長です。

「これを聞いたパリサイ人たちは言った。『この人が悪霊どもを追い出しているのは、ただ悪霊どものかしらベルゼブルによることだ。』」

（マタイの福音書12:24）

「あなたがたは、わたしがベルゼブルによって悪霊どもを追い出していると言いますが、サタンが仲間割れしたのなら、どうしてサタンの国は立ち行くことができるでしょう。もし、わたしがベルゼブルによって悪霊どもを追い出しているとしたら、あなたがたの子らが悪霊どもを追い出しているのは、だれによってなのですか。そういうわけで、あなたがたの子らがあなたがたをさばく者となります。しかし、わたしが神の指によって悪霊どもを追い出しているのなら、もう神の国はあなたがたのところに来ているのです。」

（ルカの福音書11:18-20）

5) ベリアル（Belial）

ベリアルの意味は低い者、価値のない者です。

「キリストとベリアルに何の調和があるでしょう。信者と不信者が何を共有しているでしょう。」

（コリント人への手紙第二6:15）

6) アバドン（Abaddon）、アポリュオン（Apollyon）

アバドンとアポリュオンの意味は破壊者です。神と神の民の関係を破壊し、キリストの御業を破壊しています。

「いなごたちは、底知れぬ所の使いを王としている。その名はヘブル語でアバドン、ギリシア語でアポリュオンという。」

（ヨハネの黙示録9:11）

7) 試みる者、誘惑者（Tempter）

試みる者、誘惑者は、人々が罪を犯し正しい真理から離れるように、いろいろな言い訳を提示しています。

「すると、試みる者が近づいて来て言った。『あなたが神の子なら、これらの石がパンになるように命じなさい。』」　　　　　　　（マタイの福音書4:3）

「そういうわけで、私ももはや耐えられなくなって、あなたがたの信仰の様子を知るために、テモテを遣わしたのです。それは、誘惑する者があなたがたを誘惑して、私たちの労苦が無駄にならないようにするためでした。」　　　　　　　　　　　　　　　（テサロニケ人への手紙第一3:5）

8) 悪い者（Evil one）

悪い者は悪を行い、人々が神のみことばを受け入れないようにしています。

「だれでも御国のことばを聞いて悟らないと、悪い者が来て、その人の心に蒔かれたものを奪います。道端に蒔かれたものとは、このような人のことです。」　　　　　　　　　　　　　　　　（マタイの福音書13:19）

「これらすべての上に、信仰の盾を取りなさい。それによって、悪い者が放つ火矢をすべて消すことができます。」　　　　（エペソ人への手紙6:16）

「父たち。私があなたがたに書いているのは、初めからおられる方を、あなたがたが知るようになったからです。若者たち。私があなたがたに書いているのは、あなたがたが悪い者に打ち勝ったからです。幼子たち。私があなたがたに書いてきたのは、あなたがたが御父を知るようになったからです。父たち。私があなたがたに書いてきたのは、初めからおられる方を、あなたがたが知るようになったからです。若者たち。私があなたがたに書いてきたのは、あなたがたが強い者であり、あなたがたのうちに神のことばがとどまり、悪い者に打ち勝ったからです。」　（ヨハネの手紙第一2:13-14）

「私たちは神に属していますが、世全体は悪い者の支配下にあることを、私たちは知っています。」　　　　　　　　　（ヨハネの手紙第一5:19）

9) この世の神（the god of this world）

この世の神であるサタンは、不信者の思いをくらませて、福音の栄光を分からないようにします。また、自分のしもべたちをもっています。自分の教えももっています。自分にささげ物をささげるようにします。自分のために集まり

ももっています。

> 「むしろ、彼らが献げる物は、神にではなくて悪霊に献げられている、と
> 言っているのです。私は、あなたがたに悪霊と交わる者になってもらいた
> くありません。」　　　　　　　　　　　　　（コリント人への手紙第一10:20）

> 「彼らの場合は、この世の神が、信じない者たちの思いを暗くし、神のか
> たちであるキリストの栄光に関わる福音の光を、輝かせないようにしてい
> るのです。」　　　　　　　　　　　　　　　（コリント人への手紙第二4:4）

> 「ですから、サタンのしもべどもが義のしもべに変装したとしても、大し
> たことではありません。彼らの最後は、その行いにふさわしいものとなる
> でしょう。」　　　　　　　　　　　　　　（コリント人への手紙第二11:15）

> 「しかし、御霊が明らかに言われるように、後の時代になると、ある人た
> ちは惑わす霊と悪霊の教えとに心を奪われ、信仰から離れるようになりま
> す。」　　　　　　　　　　　　　　　　　　（テモテへの手紙第一4:1）

> 「わたしは、あなたの苦難と貧しさを知っている。だが、あなたは富んで
> いるのだ。ユダヤ人だと自称しているが実はそうでない者たち、サタンの
> 会衆である者たちから、ののしられていることも、わたしは知ってい
> る。」　　　　　　　　　　　　　　　　　　　（ヨハネの黙示録2:9）

10）空中の権威を持つ支配者（the ruler of the kingdom of the air）

サタンは空中の支配者として、悪霊どもと共に神と戦っています。

> 「かつては、それらの罪の中にあってこの世の流れに従い、空中の権威を
> 持つ支配者、すなわち、不従順の子らの中に今も働いている霊に従って歩
> んでいました。」　　　　　　　　　　　　　　（エペソ人への手紙2:2）

11）この世を支配する者（the prince of this world）

サタンはこの世を支配する者として、この世に影響力を与えています。

> 「今、この世に対するさばきが行われ、今、この世を支配する者が追い出

されます。」

（ヨハネの福音書12:31）

「わたしはもう、あなたがたに多くを話しません。この世を支配する者が来るからです。彼はわたしに対して何もすることができません。」

（ヨハネの福音書14:30）

「さばきについてとは、この世を支配する者がさばかれたからです。」

（ヨハネの福音書16:11）

12) 偽りの父（the father of lies）

サタンは偽りを言うとき、自分にふさわしい話し方をして、人々を騙しています。

「あなたがたは、悪魔である父から出た者であって、あなたがたの父の欲望を成し遂げたいと思っています。悪魔は初めから人殺しで、真理に立っていません。彼のうちには真理がないからです。悪魔は、偽りを言うとき、自分の本性から話します。なぜなら彼は偽り者、また偽りの父だからです。」
（ヨハネの福音書8:44）

13) 光の御使い（an angel of light）に変装する者

サタンは自分の本当の姿を隠し、変装して他の姿をとり、人々を欺いています。

「こういう者たちは偽使徒、人を欺く働き人であり、キリストの使徒に変装しているのです。しかし、驚くには及びません。サタンでさえ光の御使いに変装します。」
（コリント人への手紙第二11:13-14）

14) 死の力を持つ者（who holds the power of death）、殺人者（murderer）

サタンは死に対する恐怖心を人々に与え、人を殺す心を与える活動をしています。

「そういうわけで、子たちがみな血と肉を持っているので、イエスもまた同じように、それらのものをお持ちになりました。それは、死の力を持つ者、すなわち、悪魔をご自分の死によって滅ぼし……」

（ヘブル人への手紙2:14）

「あなたがたは、悪魔である父から出た者であって、あなたがたの父の欲望を成し遂げたいと思っています。悪魔は初めから人殺しで、真理に立っていません。彼のうちには真理がないからです。悪魔は、偽りを言うとき、自分の本性から話します。なぜなら彼は偽り者、また偽りの父だからです。」

（ヨハネの福音書8:44）

「たとえ自分の心が責めたとしても、安らかでいられます。神は私たちの心よりも大きな方であり、すべてをご存じだからです。」

（ヨハネの手紙第一3:20）

このようにサタンは、悪とか悪い力といった人格のないものではなく、人格をもった悪い霊です。なぜなら、知識も、感情も、意思ももっているからです。

「それは、私たちがサタンに乗じられないようにするためです。私たちはサタンの策略を知らないわけではありません。」

（コリント人への手紙第二2:11、知識）

「『それゆえ、天とそこに住む者たちよ、喜べ。しかし、地と海はわざわいだ。悪魔が自分の時が短いことを知って激しく憤り、おまえたちのところへ下ったからだ。』すると竜は女に対して激しく怒り、女の子孫の残りの者、すなわち、神の戒めを守り、イエスの証しを堅く保っている者たちと戦おうとして出て行った。」

（ヨハネの黙示録12:12、17、感情）

「明けの明星、暁の子よ。どうしておまえは天から落ちたのか。国々を打ち破った者よ。どうしておまえは地に切り倒されたのか。おまえは心の中で言った。『私は天に上ろう。神の星々のはるか上に私の王座を上げ、北の果てにある会合の山で座に着こう。密雲の頂に上り、いと高き方のようになろう。』」

（イザヤ書14:12-14、意思、5回、I will）

「そこでイエスは言われた。『下がれ、サタン。「あなたの神である主を礼

拝しなさい。主にのみ仕えなさい」と書いてある。』」

（マタイの福音書4:10、人称代名詞、あなた）

3. 悪霊の名称

　堕落した天使たちが「悪霊ども（demons）」と呼ばれています。サタンである悪魔（Devil）は、単数ですが、悪霊どもは数え切れないほどです。

1) 悪霊（demons）

「彼らは、神ではない悪霊どもにいけにえを献げた。彼らの知らなかった神々に、近ごろ出て来た新しい神々、先祖が恐れもしなかった神々に。」

（申命記32:17）

「彼らは自分たちの息子と娘を　悪霊へのいけにえとして献げ……」

（詩篇106:37）

「さて、七十二人が喜んで帰って来て言った。『主よ。あなたの御名を用いると、悪霊どもでさえ私たちに服従します。』」　（ルカの福音書10:17）

「しかし、わたしが神の指によって悪霊どもを追い出しているのなら、もう神の国はあなたがたのところに来ているのです。」　（ルカの福音書11:20）

「しかし、御霊が明らかに言われるように、後の時代になると、ある人たちは惑わす霊と悪霊の教えとに心を奪われ、信仰から離れるようになります。」

（テモテへの手紙第一4:1）

2) 悪い霊（evil spirits）、汚れた霊（unclean spirits）

「さて、**主**の霊はサウルを離れ去り、**主**からの、わざわいの霊が彼をおびえさせた。」

（サムエル記第一16:14）

「汚れた霊は人から出て行くと、水のない地をさまよって休み場を探します。でも見つからず……」

（マタイの福音書12:43）

「また、私は竜の口と獣の口、また偽預言者の口から、蛙のような三つの汚れた霊が出て来るのを見た。」

（ヨハネの黙示録16:13）

「彼は力強い声で叫んだ。『倒れた。大バビロンは倒れた。それは、悪霊

213

の住みか、あらゆる汚れた霊の巣窟、あらゆる汚れた鳥の巣窟、あらゆる
汚れた憎むべき獣の巣窟となった。』」 （ヨハネの黙示録18:2）

3) 罪を犯した御使いたち（angels who sinned）

「神は、罪を犯した御使いたちを放置せず、地獄に投げ入れ、暗闇の縄目
につないで、さばきの日まで閉じ込められました。」（ペテロの手紙第二2:4）

4) 自分のいるべき所を捨てた御使い（angels who did not keep their positions）

「またイエスは、自分の領分を守らずに自分のいるべき所を捨てた御使い
たちを、大いなる日のさばきのために、永遠の鎖につないで暗闇の下に閉
じ込められました。」 （ユダの手紙6節）

5) 悪魔の使いたち（Devil′ angels）

「それから、王は左にいる者たちにも言います。『のろわれた者ども。わ
たしから離れ、悪魔とその使いのために用意された永遠の火に入れ。』」

（マタイの福音書25:41）

6) 惑わす霊（deceiving spirits）

「しかし、御霊が明らかに言われるように、後の時代になると、ある人た
ちは惑わす霊と悪霊の教えとに心を奪われ、信仰から離れるようになりま
す。」 （テモテへの手紙第一4:1）

「こう命じるのは、人を惑わす者たち、イエス・キリストが人となって来
られたことを告白しない者たちが、大勢世に出て来たからです。こういう
者は惑わす者であり、反キリストです。」 （ヨハネの手紙第二7節、参考）

7) 主権（authorities）、力（powers）、この暗闇の世界の支配者たち、天にいるもろもろの悪霊

「私たちの格闘は血肉に対するものではなく、支配、力、この暗闇の世界
の支配者たち、また天上にいるもろもろの悪霊に対するものです。」

（エペソ人への手紙6:12）

8) 悪霊どもの霊（spirits of demons）

「これらは、しるしを行う悪霊どもの霊であり、全世界の王たちのところ
に出て行く。全能者なる神の大いなる日の戦いに備えて、彼らを召集する
ためである。」 （ヨハネの黙示録16:14）

9) 偽りの霊（spirit of falsehood）

「私たちは神から出た者です。神を知っている者は私たちの言うことを聞
き、神から出ていない者は私たちの言うことを聞きません。それによって
私たちは、真理の霊と偽りの霊を見分けます。」 （ヨハネの手紙第一4:6）

10) 反キリストの霊（spirit of antichrist）

「イエスを告白しない霊はみな、神からのものではありません。それは反
キリストの霊です。あなたがたはそれが来ることを聞いていましたが、今
すでに世に来ているのです。」 （ヨハネの手紙第一4:3）

4. サタンと悪霊どもの活動と戦略

　サタンと悪霊どもは、神を直接的に攻撃できないので、神の被造物である人
間を堕落させるために、今もいろいろな戦略をもって、見えるところ、見えな
いところで活動しています。聖書は彼らの戦略と活動について具体的に教えて
います。私たちが彼らの戦略と活動を正しく知るとき、彼らに騙されないで、
霊的な勝利の喜びを深く味わうようになります。

1) 人々が神の戒めを疑わせ（不従順）、神に逆らう（高慢）ようにします。

「神である**主**は人に命じられた。『あなたは園のどの木からでも思いのま
ま食べてよい。しかし、善悪の知識の木からは、食べてはならない。その
木から食べるとき、あなたは必ず死ぬ。』」 （創世記2:16-17、神の戒め）
「さて蛇は、神である**主**が造られた野の生き物のうちで、ほかのどれより

も賢かった。蛇は女に言った。『園の木のどれからも食べてはならないと、神は本当に言われたのですか。』」 (創世記3:1)

「すると、蛇は女に言った。『あなたがたは決して死にません。それを食べるそのとき、目が開かれて、あなたがたが神のようになって善悪を知る者となることを、神は知っているのです。』そこで、女が見ると、その木は食べるのに良さそうで、目に慕わしく、またその木は賢くしてくれそうで好ましかった。それで、女はその実を取って食べ、ともにいた夫にも与えたので、夫も食べた。」 (創世記3:4-6)

2) 自分が礼拝の対象になろうとします。

「悪魔はまた、イエスを非常に高い山に連れて行き、この世のすべての王国とその栄華を見せて、こう言った。『もしひれ伏して私を拝むなら、これをすべてあなたにあげよう。』そこでイエスは言われた。『下がれ、サタン。「あなたの神である主を礼拝しなさい。主にのみ仕えなさい」と書いてある。』」 (マタイの福音書4:8-10)

3) 人々が自分こそ神であると宣言するようにします。

「不法の者は、すべて神と呼ばれるもの、礼拝されるものに対抗して自分を高く上げ、ついには自分こそ神であると宣言して、神の宮に座ることになります。」 (テサロニケ人への手紙第二2:4)

4) 福音の光であるキリストを信じないように、不信者の思いを暗くします。

「彼らの場合は、この世の神が、信じない者たちの思いを暗くし、神のかたちであるキリストの栄光に関わる福音の光を、輝かせないようにしているのです。」 (コリント人への手紙第二4:4)

5) 人々を、神のみことばによってではなく、パンだけで生きるようにします。

「すると、試みる者が近づいて来て言った。『あなたが神の子なら、これ

らの石がパンになるように命じなさい。』イエスは答えられた。『「人はパンだけで生きるのではなく、神の口から出る一つ一つのことばで生きる」と書いてある。』」

（マタイの福音書4:3-4）

6) 神のことばを歪曲して、自分勝手に利用します。

「すると悪魔はイエスを聖なる都に連れて行き、神殿の屋根の端に立たせて、こう言った。『あなたが神の子なら、下に身を投げなさい。「神はあなたのために御使いたちに命じられる。彼らはその両手にあなたをのせ、あなたの足が石に打ち当たらないようにする」と書いてあるから。』」

（マタイの福音書4:5-6）

7) 奇跡を行う力をもって人々を惑わします。

「偽キリストたち、偽預言者たちが現れて、できれば選ばれた者たちをさえ惑わそうと、大きなしるしや不思議を行います。」（マタイの福音書24:24）
「不法の者は、サタンの働きによって到来し、あらゆる力、偽りのしるしと不思議、また、あらゆる悪の欺きをもって、滅びる者たちに臨みます。彼らが滅びるのは、自分を救う真理を愛をもって受け入れなかったからです。それで神は、惑わす力を送られ、彼らは偽りを信じるようになります。それは、真理を信じないで、不義を喜んでいたすべての者が、さばかれるようになるためです。」

（テサロニケ人への手紙第二2:9-12）

8) 人々が正しい信仰から離れるように、誤ったことを教えます。

「しかし、御霊が明らかに言われるように、後の時代になると、ある人たちは惑わす霊と悪霊の教えとに心を奪われ、信仰から離れるようになります。それは、良心が麻痺した、偽りを語る者たちの偽善によるものです。」

（テモテへの手紙第一4:1-2）

「わたしは、あなたの苦難と貧しさを知っている。だが、あなたは富んでいるのだ。ユダヤ人だと自称しているが実はそうでない者たち、サタンの会衆である者たちから、ののしられていることも、わたしは知っている。」

（ヨハネの黙示録2:9）

9) にせキリスト、にせ預言者たちを通して人々を惑わします。

「偽預言者たちに用心しなさい。彼らは羊の衣を着てあなたがたのところに来るが、内側は貪欲な狼です。」　　　　　　　　（マタイの福音書7:15）

「その日には多くの者がわたしに言うでしょう。『主よ、主よ。私たちはあなたの名によって預言し、あなたの名によって悪霊を追い出し、あなたの名によって多くの奇跡を行ったではありませんか。』しかし、わたしはそのとき、彼らにはっきりと言います。『わたしはおまえたちを全く知らない。不法を行う者たち、わたしから離れて行け。』」

（マタイの福音書7:22-23）

「わたしの名を名乗る者が大勢現れ、『私こそキリストだ』と言って、多くの人を惑わします。」　　　　　　　　　　　（マタイの福音書24:5）

「偽キリストたち、偽預言者たちが現れて、できれば選ばれた者たちをさえ惑わそうと、大きなしるしや不思議を行います。」（マタイの福音書24:24）

「しかし、御民の中には偽預言者も出ました。同じように、あなたがたの中にも偽教師が現れます。彼らは、滅びをもたらす異端をひそかに持ち込むようになります。自分たちを買い取ってくださった主さえも否定し、自分たちの身に速やかな滅びを招くのです。」　　　（ペテロの手紙第二2:1）

「愛する者たち、霊をすべて信じてはいけません。偽預言者がたくさん世に出て来たので、その霊が神からのものかどうか、吟味しなさい。神からの霊は、このようにして分かります。人となって来られたイエス・キリストを告白する霊はみな、神からのものです。イエスを告白しない霊はみな、神からのものではありません。それは反キリストの霊です。あなたがたはそれが来ることを聞いていましたが、今すでに世に来ているのです。子どもたち。あなたがたは神から出た者であり、彼らに勝ちました。あなたがたのうちにおられる方は、この世にいる者よりも偉大だからです。」

（ヨハネの手紙第一4:1-4）

10) 悪い思いを人々の心に入れて、罪を犯すようにします。

「夕食の間のこと、悪魔はすでにシモンの子イスカリオテのユダの心に、

イエスを裏切ろうという思いを入れていた。」　　　　　　　（ヨハネの福音書13:2）

「すると、ペテロは言った。『アナニア。なぜあなたはサタンに心を奪われて聖霊を欺き、地所の代金の一部を自分のために取っておいたのか。』」

（使徒の働き5:3）

11) 偶像崇拝をするようにします。

「彼らは、神ではない悪霊どもにいけにえを献げた。彼らの知らなかった神々に、近ごろ出て来た新しい神々、先祖が恐れもしなかった神々に。」

（申命記32:17）

「その偶像に仕えた。それが彼らにとって罠となった。彼らは自分たちの息子と娘を　悪霊へのいけにえとして献げ　咎なき者の血を流した。彼らの息子や娘たちの血　それをカナンの偶像のいけにえとした。こうしてその国土は血で汚された。」　　　　　　　　　　　　　　　　　（詩篇106:36-38）

「むしろ、彼らが献げる物は、神にではなくて悪霊に献げられている、と言っているのです。私は、あなたがたに悪霊と交わる者になってもらいたくありません。」　　　　　　　　　　　　　（コリント人への手紙第一10:20）

12) 魔術、占い、霊媒、魔法、呪文などをするようにします。

「あなたがたは霊媒や口寄せを頼りにしてはならない。彼らに尋ね、彼らによって汚されてはならない。わたしはあなたがたの神、主である。」

（レビ記19:31）

「あなたのうちに、自分の息子、娘に火の中を通らせる者、占いをする者、卜者、まじない師、呪術者、呪文を唱える者、霊媒をする者、口寄せ、死者に伺いを立てる者があってはならない。これらのことを行う者はみな、主が忌み嫌われるからである。これらの忌み嫌うべきことのゆえに、あなたの神、主はあなたの前から彼らを追い払われるのである。」

（申命記18:10-12）

「彼らはむなしい幻を見、まやかしの占いをして、『主のことば』などと言っている。主が彼らを遣わしたのではないのに。しかも、彼らはそのことが成就するのを待ち望んでいる。あなたがたが見ているのはむなしい幻、

あなたがたが語るのは占いではないか。『主のことば』などと言っているが、わたしが語っているのではない。」　　　　　　　　（エゼキエル書13:6-7）

「ところで、以前からその町にはシモンという名の人がいた。彼は魔術を行ってサマリアの人々を驚かせ、自分は偉大な者だと話していた。小さい者から大きい者まで、すべての人々が彼に関心を抱き、『この人こそ、「大能」と呼ばれる、神の力だ』と言っていた。人々が彼に関心を抱いていたのは、長い間その魔術に驚かされていたからであった。」

（使徒の働き8:9-11）

「さて、祈り場に行く途中のことであった。私たちは占いの霊につかれた若い女奴隷に出会った。この女は占いをして、主人たちに多くの利益を得させていた。」　　　　　　　　　　　　　　　（使徒の働き16:16）

13) 人々が自分の肉の欲、心の欲望、この世の流れに従って罪を犯すようにします。

「かつては、それらの罪の中にあってこの世の流れに従い、空中の権威を持つ支配者、すなわち、不従順の子らの中に今も働いている霊に従って歩んでいました。私たちもみな、不従順の子らの中にあって、かつては自分の肉の欲のままに生き、肉と心の望むことを行い、ほかの人たちと同じように、生まれながら御怒りを受けるべき子らでした。」

（エペソ人への手紙2:2-3）

「そこで神は、彼らをその心の欲望のままに汚れに引き渡されました。そのため、彼らは互いに自分たちのからだを辱めています。彼らは神の真理を偽りと取り替え、造り主の代わりに、造られた物を拝み、これに仕えました。造り主こそ、とこしえにほめたたえられる方です。アーメン。こういうわけで、神は彼らを恥ずべき情欲に引き渡されました。すなわち、彼らのうちの女たちは自然な関係を自然に反するものに替え、同じように男たちも、女との自然な関係を捨てて、男同士で情欲に燃えました。男が男と恥ずべきことを行い、その誤りに対する当然の報いをその身に受けています。また、彼らは神を知ることに価値を認めなかったので、神は彼らを無価値な思いに引き渡されました。それで彼らは、してはならないことを

行っているのです。彼らは、あらゆる不義、悪、貪欲、悪意に満ち、ねたみ、殺意、争い、欺き、悪巧みにまみれています。また彼らは陰口を言い、人を中傷し、神を憎み、人を侮り、高ぶり、大言壮語し、悪事を企み、親に逆らい、浅はかで、不誠実で、情け知らずで、無慈悲です。彼らは、そのような行いをする者たちが死に値するという神の定めを知りながら、自らそれを行っているだけでなく、それを行う者たちに同意もしているのです。」

（ローマ人への手紙1:24-32）

「すべて世にあるもの、すなわち、肉の欲、目の欲、暮らし向きの自慢は、御父から出るものではなく、世から出るものだからです。」

（ヨハネの手紙第一2:16）

「私は言います。御霊によって歩みなさい。そうすれば、肉の欲望を満たすことは決してありません。肉が望むことは御霊に逆らい、御霊が望むことは肉に逆らうからです。この二つは互いに対立しているので、あなたがたは願っていることができなくなります。御霊によって導かれているなら、あなたがたは律法の下にはいません。肉のわざは明らかです。すなわち、淫らな行い、汚れ、好色、偶像礼拝、魔術、敵意、争い、そねみ、憤り、党派心、分裂、分派、ねたみ、泥酔、遊興、そういった類のものです。以前にも言ったように、今もあなたがたにあらかじめ言っておきます。このようなことをしている者たちは神の国を相続できません。」

（ガラテヤ人への手紙5:16-21）

　20節の「魔術」（witchcraft）とは、ギリシア語で「ファルマケイア」です。その意味は「気分が良い状態」です。麻薬や占いなどを通して気分が一時的に良くなるようにする魔術に騙されてはいけません。

14) 戦略をもってこの世、権力、主権、社会、文化を堕落させ、神の民に苦しみを与えます。

「悪魔の策略に対して堅く立つことができるように、神のすべての武具を身に着けなさい。私たちの格闘は血肉に対するものではなく、支配、力、この暗闇の世界の支配者たち、また天上にいるもろもろの悪霊に対するも

のです。ですから、邪悪な日に際して対抗できるように、また、一切を成し遂げて堅く立つことができるように、神のすべての武具を取りなさい。」

（エペソ人への手紙6:11-13）

15) 全世界を惑わします。

「こうして、その大きな竜、すなわち、古い蛇、悪魔とかサタンとか呼ばれる者、全世界を惑わす者が地に投げ落とされた。また、彼の使いたちも彼とともに投げ落とされた。」

（ヨハネの黙示録12:9）

「千年が終わるまで、これ以上諸国の民を惑わすことのないように、底知れぬ所に投げ込んで鍵をかけ、その上に封印をした。その後、竜はしばらくの間、解き放たれることになる。」

（ヨハネの黙示録20:3）

16) 人々が神のことばを聞いても悟らず、実を結ばないようにします。

「だれでも御国のことばを聞いて悟らないと、悪い者が来て、その人の心に蒔かれたものを奪います。道端に蒔かれたものとは、このような人のことです。」

（マタイの福音書13:19）

「シモン、シモン。見なさい。サタンがあなたがたを麦のようにふるいにかけることを願って、聞き届けられました。」

（ルカの福音書22:31）

17) 人々が罪のうちに歩み、義と愛を行わないようにします。

「罪を犯している者は、悪魔から出た者です。悪魔は初めから罪を犯しているからです。その悪魔のわざを打ち破るために、神の御子が現れました。神から生まれた者はだれも、罪を犯しません。神の種がその人のうちにとどまっているからです。その人は神から生まれたので、罪を犯すことができないのです。このことによって、神の子どもと悪魔の子どもの区別がはっきりします。義を行わない者はだれであれ、神から出た者ではありません。兄弟を愛さない者もそうです。」

（ヨハネの手紙第一3:8-10）

18) 人々が正しい信仰から離れ、性的な罪を犯すように誘惑します。

「そういうわけで、私ももはや耐えられなくなって、あなたがたの信仰の

様子を知るために、テモテを遣わしたのです。それは、誘惑する者があな
たがたを誘惑して、私たちの労苦が無駄にならないようにするためでし
た。」　　　　　　　　　　　　　　　　　（テサロニケ人への手紙第一3:5）

　「互いに相手を拒んではいけません。ただし、祈りに専心するために合意
の上でしばらく離れていて、再び一緒になるというのならかまいません。
これは、あなたがたの自制力の無さに乗じて、サタンがあなたがたを誘惑
しないようにするためです。」　　　　　　（コリント人への手紙第一7:5）

19) 主のしもべたちの宣教の道を妨げます。

　「それで私たちは、あなたがたのところに行こうとしました。私パウロは
何度も行こうとしました。しかし、サタンが私たちを妨げたのです。」
　　　　　　　　　　　　　　　　　　　　（テサロニケ人への手紙第一2:18）

20) 人々を欺いて互いに赦し合わないようにし、キリストに対して真実と純潔を失うようにします。

　「あなたがたが何かのことで人を赦すなら、私もそうします。私が何かの
ことで赦したとすれば、あなたがたのために、キリストの御前で赦したの
です。それは、私たちがサタンに乗じられないようにするためです。私た
ちはサタンの策略を知らないわけではありません。」
　　　　　　　　　　　　　　　　　　　　（コリント人への手紙第二2:10-11）

　「蛇が悪巧みによってエバを欺いたように、あなたがたの思いが汚されて、
キリストに対する真心と純潔から離れてしまうのではないかと、私は心配
しています。」　　　　　　　　　　　　　（コリント人への手紙第二11:3）

21) 教会とキリスト者を迫害し、キリストの福音を伝えないようにします。

　「『しかし、これ以上民の間に広まらないように、今後だれにもこの名に
よって語ってはならない、と彼らを脅しておこう。』そこで、彼らは二人
を呼んで、イエスの名によって語ることも教えることも、いっさいしては
ならないと命じた。しかし、ペテロとヨハネは彼らに答えた。『神に聞き
従うよりも、あなたがたに聞き従うほうが、神の御前に正しいかどうか、

判断してください。』」 （使徒の働き4:17-19）

「彼らが使徒たちを連れて来て最高法院の中に立たせると、大祭司は使徒たちを尋問した。『あの名によって教えてはならないと厳しく命じておいたではないか。それなのに、何ということだ。おまえたちはエルサレム中に自分たちの教えを広めてしまった。そして、あの人の血の責任をわれわれに負わせようとしている。』しかし、ペテロと使徒たちは答えた。『人に従うより、神に従うべきです。』」 （使徒の働き5:27-29）

「わたしは、あなたの苦難と貧しさを知っている。だが、あなたは富んでいるのだ。ユダヤ人だと自称しているが実はそうでない者たち、サタンの会衆である者たちから、ののしられていることも、わたしは知っている。」 （ヨハネの黙示録2:9）

22) 人を殺すようにします。

「あなたがたは、悪魔である父から出た者であって、あなたがたの父の欲望を成し遂げたいと思っています。悪魔は初めから人殺しで、真理に立っていません。彼のうちには真理がないからです。悪魔は、偽りを言うとき、自分の本性から話します。なぜなら彼は偽り者、また偽りの父だからです。」 （ヨハネの福音書8:44）

「カインのようになってはいけません。彼は悪い者から出た者で、自分の兄弟を殺しました。なぜ殺したのでしょうか。自分の行いが悪く、兄弟の行いが正しかったからです。」 （ヨハネの手紙第一3:12）

23) 人を滅ぼそうとします。

「霊は息子を殺そうとして、何度も火の中や水の中に投げ込みました。しかし、おできになるなら、私たちをあわれんでお助けください。」 （マルコの福音書9:22）

「そこで、彼は銀貨を神殿に投げ込んで立ち去った。そして出て行って首をつった。」 （マタイの福音書27:5）

「そういうわけで、子たちがみな血と肉を持っているので、イエスもまた同じように、それらのものをお持ちになりました。それは、死の力を持つ

者、すなわち、悪魔をご自分の死によって滅ぼし……」

（ヘブル人への手紙2:14）

24) 人の怒りと憤りを利用して罪を犯すようにします。

「怒っても、罪を犯してはなりません。憤ったままで日が暮れるようであってはいけません。悪魔に機会を与えないようにしなさい。」

（エペソ人への手紙4:26-27）

「しかし、カインとそのささげ物には目を留められなかった。それでカインは激しく怒り、顔を伏せた。」

（創世記4:5）

25) 偽り、うその罪を犯すようにします。

「すると、ペテロは言った。『アナニア。なぜあなたはサタンに心を奪われて聖霊を欺き、地所の代金の一部を自分のために取っておいたのか。売らないでおけば、あなたのものであり、売った後でも、あなたの自由になったではないか。どうして、このようなことを企んだのか。あなたは人を欺いたのではなく、神を欺いたのだ。』このことばを聞くと、アナニアは倒れて息が絶えた。これを聞いたすべての人たちに、大きな恐れが生じた。」

（使徒の働き5:3-5）

26) 自分の本当の姿を隠し、キリストの使徒に変装して人を欺きます。

「こういう者たちは偽使徒、人を欺く働き人であり、キリストの使徒に変装しているのです。しかし、驚くには及びません。サタンでさえ光の御使いに変装します。ですから、サタンのしもべどもが義のしもべに変装したとしても、大したことではありません。彼らの最後は、その行いにふさわしいものとなるでしょう。」

（コリント人への手紙第二11:13-15）

27) 人々の体と思い、心と精神を苦しめるときもあります。

「サタンは**主**の前から出て行き、ヨブを足の裏から頭の頂まで、悪性の腫物で打った。」

（ヨブ記2:7）

「彼らの場合は、この世の神が、信じない者たちの思いを暗くし、神のか

たちであるキリストの栄光に関わる福音の光を、輝かせないようにしているのです。」 （コリント人への手紙第二4:4）

「そのとき、悪霊につかれて目が見えず、口もきけない人が連れて来られた。イエスが癒やされたので、その人はものを言い、目も見えるようになった。」 （マタイの福音書12:22）

「人々は、起こったことを見ようと出て来た。そしてイエスのところに来て、イエスの足もとに、悪霊の去った男が服を着て、正気に返って座っているのを見た。それで恐ろしくなった。」 （ルカの福音書8:35）

「この人はアブラハムの娘です。それを十八年もの間サタンが縛っていたのです。安息日に、この束縛を解いてやるべきではありませんか。」

（ルカの福音書13:16）

5. サタンと悪霊どもに打ち勝つ秘訣

　サタンと悪霊どもは恐れる対象ではなく、立ち向かって戦う対象です。永遠の勝利者であるイエス・キリストを待ち望みながら、信仰をもって、勇敢に戦うことが大切です。聖書はサタンと悪霊どもに打ち勝つ秘訣を具体的に教えています。私たちが神のみことばに忠実に従って生きるとき、勝利は与えられるものです。

1) サタンに乗じられないために、サタンの戦略を明確に知ることです。

「それは、私たちがサタンに乗じられないようにするためです。私たちはサタンの策略を知らないわけではありません。」

（コリント人への手紙第二2:11）

「悪魔の策略に対して堅く立つことができるように、神のすべての武具を身に着けなさい。」 （エペソ人への手紙6:11）

2) 霊をためして、その霊が神からのものかどうか見分けることです。

「愛する者たち、霊をすべて信じてはいけません。偽預言者がたくさん世に出て来たので、その霊が神からのものかどうか、吟味しなさい。」

（ヨハネの手紙第一4:1）

「ある人には奇跡を行う力、ある人には預言、ある人には霊を見分ける力、ある人には種々の異言、ある人には異言を解き明かす力が与えられています。」　　　　　　　　　　　　　　（コリント人への手紙第一12:10）

3) 悪霊と交わらないことです。

「むしろ、彼らが献げる物は、神にではなくて悪霊に献げられている、と言っているのです。私は、あなたがたに悪霊と交わる者になってもらいたくありません。」　　　　　　　　　　　（コリント人への手紙第一10:20）

「あなたがたは霊媒や口寄せを頼りにしてはならない。彼らに尋ね、彼らによって汚されてはならない。わたしはあなたがたの神、**主**である。」

（レビ記19:31）

4) 神のすべての武具を身に着けることです。

「悪魔の策略に対して堅く立つことができるように、神のすべての武具を身に着けなさい。私たちの格闘は血肉に対するものではなく、支配、力、この暗闇の世界の支配者たち、また天上にいるもろもろの悪霊に対するものです。ですから、邪悪な日に際して対抗できるように、また、一切を成し遂げて堅く立つことができるように、神のすべての武具を取りなさい。そして、堅く立ちなさい。腰には真理の帯を締め、胸には正義の胸当てを着け、足には平和の福音の備えをはきなさい。これらすべての上に、信仰の盾を取りなさい。それによって、悪い者が放つ火矢をすべて消すことができます。救いのかぶとをかぶり、御霊の剣、すなわち神のことばを取りなさい。あらゆる祈りと願いによって、どんなときにも御霊によって祈りなさい。そのために、目を覚ましていて、すべての聖徒のために、忍耐の限りを尽くして祈りなさい。」　　　　　　　　（エペソ人への手紙6:11-18）

武具とは、救いの確信、主への希望、みことばへの従順、神への祈りと賛美、福音宣教などです。

5) 愛をもって真理を語り、あらゆる点において成長し、キリストに達することです。

　「こうして、私たちはもはや子どもではなく、人の悪巧みや人を欺く悪賢い策略から出た、どんな教えの風にも、吹き回されたり、もてあそばれたりすることがなく、むしろ、愛をもって真理を語り、あらゆる点において、かしらであるキリストに向かって成長するのです。キリストによって、からだ全体は、あらゆる節々を支えとして組み合わされ、つなぎ合わされ、それぞれの部分がその分に応じて働くことにより成長して、愛のうちに建てられることになります。」　　　　　　　　　　　（エペソ人への手紙4:14-16）

6) 神に従い、悪魔に立ち向かうことです。

　「ですから、神に従い、悪魔に対抗しなさい。そうすれば、悪魔はあなたがたから逃げ去ります。」　　　　　　　　　　　　　　　（ヤコブの手紙4:7）

7) 堅く信仰に立って、身を慎み、目を覚まして祈ることです。

　「身を慎み、目を覚ましていなさい。あなたがたの敵である悪魔が、吼えたける獅子のように、だれかを食い尽くそうと探し回っています。堅く信仰に立って、この悪魔に対抗しなさい。ご存じのように、世界中で、あなたがたの兄弟たちが同じ苦難を通ってきているのです。」

　　　　　　　　　　　　　　　　　　　　　　（ペテロの手紙第一5:8-9）

　「あらゆる祈りと願いによって、どんなときにも御霊によって祈りなさい。そのために、目を覚ましていて、すべての聖徒のために、忍耐の限りを尽くして祈りなさい。」　　　　　　　　　　　　　（エペソ人への手紙6:18）

　「イエスが家に入られると、弟子たちがそっと尋ねた。『私たちが霊を追い出せなかったのは、なぜですか。』すると、イエスは言われた。『この種のものは、祈りによらなければ、何によっても追い出すことができません。』」　　　　　　　　　　　　　　　　　（マルコの福音書9:28-29）

　「誘惑に陥らないように、目を覚まして祈っていなさい。霊は燃えていても肉は弱いのです。」　　　　　　　　　　　　　（マタイの福音書26:41）

「神から生まれた者はみな、世に勝つからです。私たちの信仰、これこそ、世に打ち勝った勝利です。世に勝つ者とはだれでしょう。イエスを神の御子と信じる者ではありませんか。」　　　　　　　（ヨハネの手紙第一5:4-5）

8) 悪魔を打ち壊すキリストを信じ、その教えにとどまることです。

「イエスは、群衆が駆け寄って来るのを見ると、汚れた霊を叱って言われた。『口をきけなくし、耳を聞こえなくする霊。わたしはおまえに命じる。この子から出て行け。二度とこの子に入るな。』」　　　（マルコの福音書9:25）

「幼子たち、だれにも惑わされてはいけません。義を行う者は、キリストが正しい方であるように、正しい人です。罪を犯している者は、悪魔から出た者です。悪魔は初めから罪を犯しているからです。その悪魔のわざを打ち破るために、神の御子が現れました。神から生まれた者はだれも、罪を犯しません。神の種がその人のうちにとどまっているからです。その人は神から生まれたので、罪を犯すことができないのです。」

（ヨハネの手紙第一3:7-9）

「こう命じるのは、人を惑わす者たち、イエス・キリストが人となって来られたことを告白しない者たちが、大勢世に出て来たからです。こういう者は惑わす者であり、反キリストです。気をつけて、私たちが労して得たものを失わないように、むしろ豊かな報いを受けられるようにしなさい。だれでも、『先を行って』キリストの教えにとどまらない者は、神を持っていません。その教えにとどまる者こそ、御父も御子も持っています。」

（ヨハネの手紙第二7-9節）

「しかし、愛する者たち。あなたがたは自分たちの最も聖なる信仰の上に、自分自身を築き上げなさい。聖霊によって祈りなさい。神の愛のうちに自分自身を保ち、永遠のいのちに導く、私たちの主イエス・キリストのあわれみを待ち望みなさい。」　　　　　　　　　　（ユダの手紙20-21節）

9) イエス・キリストのように、神のみことばを正しく知り、引用し、適用することです。

「イエスは答えられた。『「人はパンだけで生きるのではなく、神の口から

出る一つ一つのことばで生きる」と書いてある。』……イエスは言われた。『「あなたの神である主を試みてはならない」とも書いてある。』……そこでイエスは言われた。『下がれ、サタン。「あなたの神である主を礼拝しなさい。主にのみ仕えなさい」と書いてある。』」　（マタイの福音書4:4、7、10）

「神のことばは生きていて、力があり、両刃の剣よりも鋭く、たましいと霊、関節と骨髄を分けるまでに刺し貫き、心の思いやはかりごとを見分けることができます。」　　　　　　　　　　　　　　　　（ヘブル人への手紙4:12）

10)イエス・キリストのように、いつも聖霊に満たされて生きることです。

「さて、イエスは聖霊に満ちてヨルダンから帰られた。そして御霊によって荒野に導かれ……」　　　　　　　　　　　　　　　（ルカの福音書4:1）

「神が遣わした方は、神のことばを語られる。神が御霊を限りなくお与えになるからである。」　　　　　　　　　　　　　　　（ヨハネの福音書3:34）

「それは、ナザレのイエスのことです。神はこのイエスに聖霊と力によって油を注がれました。イエスは巡り歩いて良いわざを行い、悪魔に虐げられている人たちをみな癒やされました。それは神がイエスとともにおられたからです。」　　　　　　　　　　　　　　　　（使徒の働き10:38）

6. 天使の創造と堕落（天使は神に造られた霊物です）

「ただ、あなただけが主です。あなたは天と、天の天と、その万象を、地とその上のすべてのものを、海とその中にあるすべてのものを造られました。あなたはそのすべてを生かしておられます。天の万象はあなたを伏し拝んでいます。」　　　　　　　　　　　　　　　　　　（ネヘミヤ9:6）

「主は 天と地と海　またそれらの中のすべてのものを造られた方。」
　　　　　　　　　　　　　　　　　　　　　　　　　　　（詩篇146:6）

「なぜなら、天と地にあるすべてのものは、見えるものも見えないものも、王座であれ主権であれ、支配であれ権威であれ、御子にあって造られたからです。万物は御子によって造られ、御子のために造られました。」
　　　　　　　　　　　　　　　　　　　　　　　　　　　（コロサイ1:16）

「わたしが地の基を定めたとき、あなたはどこにいたのか。分かっている
なら、告げてみよ。あなたは知っているはずだ。だれがその大きさを定め、
だれがその上に測り縄を張ったかを。その台座は何の上にはめ込まれたの
か。あるいは、その要の石はだれが据えたのか。明けの星々がともに喜び
歌い、神の子たちがみな喜び叫んだときに。」
（ヨブ38:4-7）

結　　論

　サタンと悪霊どもは、計画と戦略、教えと組織をもって、吼えたける獅子の
ように、だれかを食い尽くそうと探し回っています。見えるところ、見えない
ところで個人にも、家庭にも、教会にも、福音宣教の働きにも攻撃をしていま
す。また、この世、社会、国家、いろいろな共同体の中にも、自分たちの影響
力を及ぼしています。しかし、彼らを恐れる必要はありません。いつも永遠の
勝利者であるイエス・キリストを仰ぎ見ながらみことばに従い、祈りと感謝と
賛美を絶えず主にささげ、聖霊に満たされて真実に生きるとき、彼らに打ち勝
つ勝利が主から与えられます。

　「からだを殺しても、たましいを殺せない者たちを恐れてはいけません。
　むしろ、たましいもからだもゲヘナで滅ぼすことができる方を恐れなさ
　い。」
（マタイの福音書10:28）
　「堅く信仰に立って、この悪魔に対抗しなさい。ご存じのように、世界中
　で、あなたがたの兄弟たちが同じ苦難を通ってきているのです。あらゆる
　恵みに満ちた神、すなわち、あなたがたをキリストにあって永遠の栄光の
　中に招き入れてくださった神ご自身が、あなたがたをしばらくの苦しみの
　後で回復させ、堅く立たせ、強くし、不動の者としてくださいます。どう
　か、神のご支配が世々限りなくありますように。アーメン。」
（ペテロの手紙第一5:9-11）

　次頁に、天使と悪魔の関係、悪魔・悪霊の働きと運命をまとめた表を載せま
した。

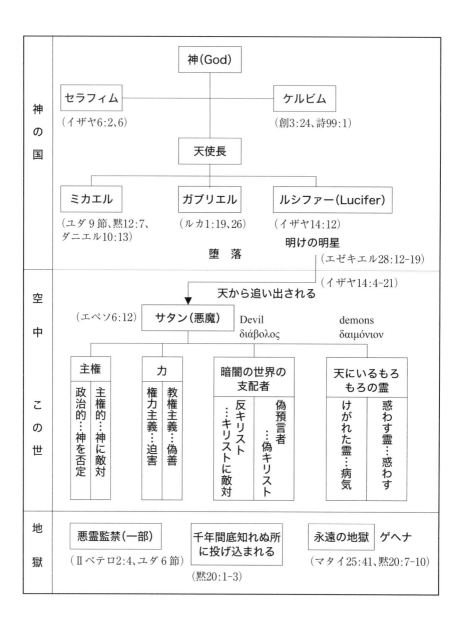

あとがき

―― 聖霊の満たしと導きを慕い求めている方々へ ――

　神の恵みとあわれみの中でこの本が出版されたことを心から感謝し、すべての栄光を神に帰します。

　この本は、筆者が以前から新札幌聖書教会で教えてきた教材を「信徒リーダー育成コース」のために新たにまとめたものです。

　筆者は神の許しがあれば、いつか主の教会と福音宣教のために、聖霊について本を書きたいという小さな願いを持っていました。

　不思議なことにまず妻が、そして数日後、私がコロナ感染者となり、2022年9月1日から14日まで自宅待機しなければならない状況になりました。そのとき私は神が『聖霊を知る喜び』の原稿をまとめる時間を与えてくださったと思い、これまで教えてきた教材を新たに整理しながらまとめることにしました。神のご計画の中で、不思議に与えられた14日間の待機時間があって、この本が誕生することになりました。

　願わくは、この本が聖霊の満たしと導きを切に求めている兄弟姉妹やリバイバルを切に求めている教会のために尊く用いられることを祈ります。

　特に、この本は信徒育成のための教材ですので、聖書のみことばをできる限りたくさん引用しました。何よりも聖霊について教理的にアプローチせず、みことばが語っている聖霊に従う姿勢でまとめました。

　この本の執筆にあたっては、私の親しい友であるJONG GIL BYUN博士の著書『私たちの内におられる聖霊』から良いアイデアを頂き感謝しています。

　また、コロナに感染した状態で集中して原稿を書いている間、私の霊性と健康、知性と集中力のために祈ってくださった新札幌聖書教会の兄弟姉妹の愛と励ましに心から感謝します。

　私が書いた原稿を忙しい環境の中で校正してくださった牧会の同労者である敬愛する武田将幸牧師と、私に「歩く教会、Walking Church」という愛称を付けてくださった境野明子姉の愛の労苦に心から感謝します。

また、20年間、新札幌聖書教会の事務スタッフとして共に主と教会に仕え、原稿をパソコンに入力してくださった小野克芳兄に心から感謝します。

　私が書いた『幸福な家庭生活』『愛する幸せ32章』『教える喜びと学ぶ喜び』、翻訳した『わが父、孫養源』を出版してくださり、5番目の本である『聖霊を知る喜び』も出版してくださるいのちのことば社と出版部にも心から感謝します。

　また、約40年間主と教会に仕え、福音宣教のために喜怒哀楽を共に分かち合った愛する妻、金美栄と4人の子どもたちとその家族、韓国に住んでいる96歳の母と母を支えている姉夫婦、この38年間日本宣教を支援してくださっている教会と祈りの同労者にも心から感謝します。

　2022年12月30日

朴　永基

234

朴　永基（パク・ヨンギ）

1957年1月14日生まれ

韓国の高麗神学大学院と日本の東京基督神学校で学ぶ

韓国の金海徳村教会で6年間牧会しながら韓国外港宣教会釜山市部宣
　教総務として3年間奉仕する

1985年2月7日、高神総会世界宣教会（KPM）から日本宣教ために
　派遣される

東京で8年6ヶ月間働きながら足立愛の教会と、枝川愛の教会開拓

1993年10月に日本同盟基督教団から北海道での教会開拓のために派遣
　される

北海道で新札幌聖書教会を開拓して、その教会通して6の教会が生ま
　れた

著書：『幸福な家庭生活』『教える喜びと学ぶ喜び』『愛する幸せ32章』

訳書：『わが父、孫養源』

社会奉仕：北海道YMCA理事（現）

日本同盟基督教団理事歴任

KPM本部長歴任

札幌南徳洲会病院理事歴任

日々の生活：祈りと聖書朗読と賛美、愛することを大事にしている
　　　　　　　宣教はBEINGである

聖霊を知る喜び
—— 満たされ、導かれ、実を結ぶために

2023年3月20日発行

著　者　朴永基
印刷製本　モリモト印刷株式会社
発　行　いのちのことば社
　　　　〒164-0001 東京都中野区中野2-1-5
　　　　電話 03-5341-6923 （編集）
　　　　　　 03-5341-6920 （営業）
　　　　FAX 03-5341-6921
　　　　e-mail:support@wlpm.or.jp
　　　　http://www.wlpm.or.jp/　　新刊情報はこちら